三笑亭笑三の浅草案内

三笑亭笑三

Sansyotei Syoza

駒草出版

はじめに

いま、この本をお買いになって、お読みくださっているあなたさまに、心から感謝をいたします。私が落語家になって六十六年。その間に、見たり聞いたり感じたりしてきたことを書かせていただきました。特に「浅草演芸ホール」のプログラムの表紙絵をかいて二十有余年、人と人との触れ合いを大切に、それが私の生きがいなのです。どんな名人でも、お客さまが聞いてくれなければ、どんないい本を出しても、お客さまが読んでくれなければ、どんないい内容でも、本屋さんが売ってくれなければ、どんな宣伝をしてもお客さまが買ってくれなければ……本当にありがとうございました。

×

寄席の高座から移り変わる浅草を描き続け、六十を過ぎて、何か世のために残しておくことができるならばと、絵の才能のない人間が、ただ自分に忠実に、おごらずくじけずペンを執りました。

細く長く「継続は力なり」ムリ・ムダ・ムラのない毎日を送りたいと念願しています。

二〇一二年四月

三笑亭　笑三

三笑亭笑三の浅草案内・もくじ

第三章　浅草路地裏散歩

第四章　浅草食べ歩き散歩

第五章　浅草民芸・和工芸品散歩

第一章 浅草いまむかし

江戸と浅草

浅草寺や門前町としての浅草の歴史を多少なりとも知っていて、今の浅草界隈を歩くと、昔日の面影が失われつつある寂しさを味わうことになる。

かつての「にぎわい」としての凄さは、日本経済の高度成長時代あたりを境に、大衆の町、庶民の娯楽の町としての役割を終えてしまったように思える。それにはさまざまな理由があるが、いちばんの理由は庶民、大衆の娯楽の嗜好が変わってしまったことが大きいだろう。とりわけ映画、演劇、芸能などの娯楽が、昭和39年の東京オリンピックを契機に普及したテレビの影響によって、家庭の中で気楽に楽しめるようになってしまったこともある。また浅草以外の繁華街の成長や高速道路に代表される交通網の整備などが、わざわざ浅草に足をはこぶ必要性をなくしてしまったのだともいえる。

戦後の高度経済成長は、まさに日本人のこころから大衆的であるとか庶民的であるとかいう意識を奪い去ってしまったのだ。その内実はともかく国民の90%が中流意識を持ち、なんとなく「かっこいい」ものに憧れはじめたことで、浅草というエリアは、少しずつ忘れ去られていったのである。

しかし本当にそうなのだろうか。もういちど浅草の町を歩いてみよう。耳を澄ますとなんだか不思議なざわめきが蘇ってくるような気がするではないか。

「おいおい、あのデッケエ火の見櫓（やぐら）みてぇなのは、ありゃいってぇなんだ？」

「ありゃおめえ、知らねぇのかい。ありゃスカイツリーってって、なんだか電動紙芝居の親分が住んでるてー噂の家らしいぜ」

そんな八っあんだか、熊さんだかの江戸庶民の会話が聞こえてくるし、わずかばかりの金を手にした石川啄木が、その鬱屈した気持ちをつぶやきながら傍らを通り過ぎてゆくではないか。

浅草の夜のにぎはいに
まぎれ入り
まぎれ出（い）で来しさびしき心

こころよく
我にはたらく仕事あれ
それを仕遂げて死なむと思ふ

この二つの短歌は、『一握の砂』（明治43年）に収められている。

この頃、隅田川をパリのセーヌ川に見立てて、フランスから帰ってやや遅れて参加した『智恵子抄』で有名な高村光太郎や、やはりフランス帰りの永井荷風、そのほか北原白秋、木下杢太郎、吉井勇、和辻哲郎、谷崎潤一郎などそうそうたるメンバーで「パン（神話の牧羊神）の会」（明治41年）という若き文学者の集まりが、隅田川河畔の料亭を中心に定期的に行われていた。

啄木は、北原白秋たちとの付き合いから、その周辺に居たもののなじめず、やや距離を置いたところから眺めていたらしい。函館に家族を残したまま、東京で仕事を探していた啄木にはそれどころではなかったのだろう。函館には、妻の節子と娘が残されている。文学的な野心を抱いて、明治41年、23歳で上京した啄木の満たされない鬱屈が、周囲の友人に借金をしてまでも浅草の悪所に通わせた理由なのだろう。

さて、それではもうしばらく浅草の「にぎわい」の歴史を遡ってみることにしよう。

浅草（浅草寺）というとそくざに江戸時代の風景・風物を思い浮かべる人が多いのではないだろうか。しかしそれは、間違いではない。とは言えそのすべてが正しいわけではない。

浅草寺縁起にまつわる有名な逸話がある。それは日本史の時代区分によれば飛鳥時代にまで遡るとされている。

推古天皇の36年（628年）、ある晴れ渡った春の朝、宮戸川（隅田川の旧名）の河口付近で、檜前浜成（ひのくまのはまなり）と竹成（たけなり）という漁師の兄弟が漁をしていたところ、その日は一尾の魚も獲れず、諦めかけて最後の網を打つと、そこになんと金色に輝く観音像がかかったという。それを主人の土師直中知（はじのあたいなかとも）に見せたところ、その主人はその観音様に帰依し、自宅をお寺にしたという。その後、大化元年（645年）勝海上人が新たに寺を立て、その観音像を秘仏に定められたという言い伝えがある。

話はともかく、浅草寺は、昭和20年に戦災で全焼した後、昭和26年再建のための基礎工事をおこなった際、奈良時代の瓦や瓶などの出土品が多く出たことから、少なくとも奈良時代初期（750年頃）には立派な寺院が建っていたのではないかとされている。

それではなぜ勝海上人は、観音像を秘仏にしてしまったのだろうか。そもそも仏教の伝来は6世紀中頃のことで、当時は仏教受け入れ派と排仏派とが拮抗していた時代である。また、漁師の兄弟とその主人は、朝鮮半島からの渡来人だという説がある。それが正しければ、彼らはおそらくその観音像を懐にして持って来たのではないだろうか。そうした経緯が、勝海上人をしてそうした伝説を作らせたのではないかという想像も成り立つ。

観世音菩薩は、高位の仏であるにもかかわらず、慈悲と徳があり求めに応じてその姿を現すという。もともとこの時代、浅草は川沿いに位置する低地の町であり、民衆の住む平和な町だったのである。民衆は、日々の糧と平和をこの観音像に願ったのであろう。

明治維新後、当時の政府は、廃仏棄釈（はいぶつきしゃく）の政策をとり各地の寺を壊そうとした。先の漁師の兄弟と主人を祭る三社権現もその例に漏れず、このとき「浅草神社」と改めている。しかしその縁起のように、浅草寺は、大衆、民衆信仰によって支えられてきたのである。人々の願いをこめて、日本最古の祭りともいわれている「三社祭」は今でも続いている。

こうしてみると、浅草は、江戸よりもかなり古くから民衆、大衆の町としてこの地にあったことが分かる。とは言え、その暮らしはかなり過酷であったのかもしれない。この時代の中心は上方（関西地方）であり、地場産業や交通手段も無いこの地に、関東近郊や東北地方、遠くエゾ地からも移り住んでいたという。しかしそれがために、浅草の人と文化が日本人のひとつの原型を築いてきたのかもしれない。

その象徴的な例が、浅草寺にはある。

もとの由来がそうであるように、高位の人物を祭っていない寺で、しかも檀家のいない祈願寺というオープンさが、境内に諸国あまたの神仏を祭ることの自由をゆるされていたのである。ここに移り住んだ人々は、なんらかの理由で故郷を離れた寄る辺ない根無し草的な思いと、死との隣り合わせにいた。だからこそ各地方地方の守護神を必要としたのだろう。江戸・文化年間（１８００年代）頃は、浅草寺の境内には恵比寿稲荷、薬師堂、閻魔堂、毘沙門天、弁天様、普賢菩薩、熊野権現など２００近い堂社があったとされる。しかもそれら全てが民衆から勧進（かんじん）されたものなのである。

浅草が諸国、特に東日本周辺から移り住んだ民衆によって作られてきた町であるのとは違い、当初から江戸の町はまったく別の発展を遂げてきたのである。

言うまでも無く、「江戸」とは、そのエリア（土地）と政治的な統治の時代区分のことをさしている。

関東地方の江戸は、もともとは入り江の先端にあり、おそらくは今の千代田区のごく狭い地域であった。ただし軍事的には自然の要塞の態をなしていて、平安時代末期に坂東（関東）武士の頭である江戸氏が城を置いたとされる。その後、江戸氏は太田道灌によって滅ぼされ、太田道灌の手によって江戸城の原型が築かれることになる。

しかし、その頃小田原で勢力を伸ばしていた北条氏によって城は奪われてしまう。北条氏によって、江戸の城下町は少しずつ発展をしていくのだが、戦乱の時代は終わったわけではなく、やがて西の豊臣秀吉によって北条氏は滅ぼされてしまう。その小田原攻めに参加していた徳川家康は、秀吉から北条氏の旧領地であるこの江戸城を下賜（かし）されたのである。1590年のことである。

1603年家康は征夷大将軍となり、その後、270年も続く江戸時代の幕開けとなる。

つまり江戸は、武士の町である。武士の町であるということは、高級商人の町でもあるということだ。事実、家康が江戸幕府開府と同時に、全国に通じる五街道の起点である日本橋を完成させると、この日本橋界隈には、全国からたくさんの物資（食料品・燃料・建築資材・衣類や日用品など）が集まるようになってきた。河岸（船着場）には、江戸湾から次々と船で品物が運ばれ、やがてそこにさまざまな問屋街ができた。

とうぜん物が集まれば、そこに人が寄る。飲食店ができ、活気が生まれたのである。その頃、幕府は武家地と町人地を住み分け、神田、京橋、新橋、日本橋を町人地とした。

なかでも日本橋界隈には、江戸の商業を取り仕切るために上方から商人が押し寄せ、魚市の立つ周辺には、河岸、芝居、遊郭などが点在し、まさに町人の町、江戸の中心になっていった。

初期の江戸の男女比は、およそ2対1で、男の単身流入が多かったため、早くから飲食業も盛んにおこなわれていた。文化元年（1804年）の幕府の調査によると、江戸市中の飲食店は約6200軒あったとされる。そのうちそば屋はなんと3700軒もあったという。高級料亭や待合も含めると相当の数である。ただそば屋などの二階は、色恋の逢引などにも使われていた形跡もあり、飲食を供するだけとは限らない。

江戸は、徳川幕府の統治するエリアではあるが、国家の中心でもある。したがって、諸大名もその国造りに無償で協力する義務があった。

当時の江戸の一帯は、湿地や沼地だったと伝えられる。江戸の町割り（町造り）は、それらの湿地や沼地を埋め立てることと、治水から始められたという。

例えば、城の周辺を流れる平川（神田川、日本橋川）を隅田川に繋げるため、今の駿河台あたりを開削し、日比谷などの低湿地帯を埋め各大名に与えたりしている。

想像するだけでも気の遠くなるような話だが、当時の人足は土砂を担いで往復したのである。そうした工事は、家康入府以来、諸国の武士、人足を総動員し60年の歳月を要したのである。

当初、現代の千代田区あたりを江戸と称していたが、そうした町割りの結果、そのエリアも人口も急速に膨らんでいったのは言うまでもない。

そんな町造りも落ち着いてきた明暦3年（1657年）、1月に江戸の大火災がおこる。これが有名な「明暦の大火」である。多数の大名屋敷、市街地が焼け、死者10万人ともいわれている。

ともあれ時の幕府は、町の再建と大改造を迫られた。延焼防止策として各所に「広小路」を設けたり、京橋・木挽町から赤坂溜池周辺、小石川周辺などの埋め立てを行う。大火のとき、隅田川には千住大橋しかなく、多くの人々が逃げ場を失ったこともあり、新たに両国橋を架橋した。そのことで江戸城の城下町と本所・深川地区が開け、まず向島あたりに大名の別邸ができ、それにつれて町人地も徐々に拡大していく。

また、日本橋人形町にあった「吉原」遊郭も、江戸の中心にあって、風紀上の問題も加味され、浅草、浅草寺の奥に移転され、「新吉原」と呼ばれた。以来幕府公認の遊び場として殷賑（いんしん）を極めることになる。

ちなみにこの「吉原」は、元は湿地帯の葦（よし）の生い茂る岡にあったので「葭原」と言ったが、げんを担いで、「吉原」と言いなおしたのである。他にも遊女を置く宿場町などにある非公認の女郎屋があちこちにあったが、これを「岡場所」と言う。この呼称には、さまざまな説がある。幕府公認の「吉原」が湿地の岡にあったことからだという説と、幕府が公認しないため、その他の「他（ほか）」が転じた呼び名という説もある。

すでにお分かりのように、江戸のはじめに浅草は、江戸の町には含まれていなかったのである。

幕府にとっては、諸大名、町人たちに領地を貸し与えているという感覚である。しかし浅草にもともと住み着いていた民衆・大衆にとっては、自分たちの土地だという感覚である。日本橋あたりに住み着いて、商売を始めた上方町人たちにしてもその言葉遣いから仕草、浅草っ子にとってはとんでもない存在だったに違いないのである。

だからといって、伝統ある上方文化に対して、向こうを張れるような文化の独自性を持ってはいなかった。日本橋や京橋が江戸の中心といっても、政治や商業の中心であっても生活の中心ではない。しょせん京都（越後屋・白木屋など）、名古屋（松坂屋）、伊勢、近江などの関西の商家の江戸支店に過ぎないのである。

その一方で浅草周辺には、関東、東北などのその当時の地方から流れてきて、永住していた人たちである。永住することによって、自国の生活習慣を捨て、時を経るごとに多くの代と多くの地域の人たちとの交流で下町特有の庶民文化が育まれてきたのである。江戸の中心から取り残されたことによって、中心から一定の距離を置くことで成熟していったといえる。俳諧・歌舞伎・浮世絵などの文化も江戸中期以降は、この浅草下町が担っていくことになる。

「いき」、「はり」、「いなせ」などは、また文化とは一味違う江戸庶民の生き様に通じる言葉として、今でも使われている。「いき」は、垢抜けた色気、あるいは他人に迷惑をかけない生き方。「いなせ」は、魚河岸で働く若者の髷（まげ）が鯔（ぼら）の稚魚に似ていることから、転じて威勢がいいこと。「はり」は、江戸一番の伊達男と言われた助六に代表されるような反骨心をもった男のことをいう。

そうした生き様は、いずれも歌舞伎などの舞台でおおいに受けたテーマである。

江戸の町造りに欠かせない土木事業の要員として、全国からの流れ者や足軽身分の食い詰め者などを集めて仕事を斡旋する口入（くちいれ）家業が一時繁盛する。その世話人は、町の顔役として、幅を利かせるようになる。それを「町奴」と言う。町奴が町人であるのに対して、「旗本奴」は、徳川家直系の侍である。彼らは、これ見よがしに髪やひげをはやし、「六方」という大げさな歩き方をし、町人たちと派手な諍いをおこしたりした。

町奴の代表的な人物が、有名な「幡随院長兵衛（ばんずいいんのちょうべい）」で、旗本奴の陰謀にかかって殺されてしまうことから、歌舞伎の物語として、江戸の庶民を熱狂させた。

「六方」とは、東西南北・天地のことで、大げさな歩き方、振る舞いのことをいう。歌舞伎の「六方を踏む」というのはここからきている。

やがてこの「町奴」「旗本奴」は、その常軌を逸した行動がたたり、幕府の取り締まりにあい姿を消すのだが、その「六方言葉」だけは、「べらんめい」口調のかたちで残っている。

さらに言葉の問題で言えば、江戸先住民たちは、関東独自の「べいべい言葉」を使い、上方の商人たちは、いわゆる「上方弁」を使う。なおかつ参勤交代制などでおおくの武士や町人などが江戸に居住していたわけだから、江戸の町の言葉の混乱はとんでもなかったのであろう。そうした混乱が「六方言葉」や「吉原言葉」を生んだのかもしれない。


神田川から柳橋をくぐって、大川（隅田川）に漕ぎ出す。やがて両国橋を右手に見て、舳先（へさき）は上流に向かう。左手が柳橋の花街（かがい）。さらに浅草御蔵（今の蔵前橋）。当時は、舟入堀が８本。御蔵が50棟。日本中からここに御用米が集まったとされる。その規模約３万７０００坪、東京ドームの３倍弱あったそうだ。

名にし負はば　いざ言問わん都鳥
わが思う人はありやなしやと
「伊勢物語」（藤原業平）

そんな都鳥など眺めていると、猪牙（ちょき）舟が傍らをかすめてゆく。この舟は江戸庶民のタクシーのような存在で、早いのが売りだが揺れも凄い。それでも掴らずに乗るのが通人とされている。つまり吉原や深川あたりの遊女遊びになれているということ。これも江戸っ子のこだわり。

さてそれではそろそろ日も落ちかけて、吉原にでも繰り出そうとかという頃。

浅草寺裏手奥山がやけに騒がしい。時は宝暦（1760年頃）、葦ずばりの小屋の中で、辻講釈がはじまっていた。深井志道軒というはげ頭の腰の曲がった小柄な老人が、男根形の木の棒を持ち、世相風俗を辛らつに揶揄している。

彼は、江戸庶民から熱狂的な支持を受け、当時の歌舞伎俳優市川団十郎と人気を二分したという。やはり同時代を反骨精神のまま生きた平賀源内に『風流志道軒伝』を書かせている。

そんなところを歩いているうちに、ふと見上げると、夜空にスカイツリーの美しい輝きが浮かび上がっていた。浅草からはどこからでも見ることができる。そして耳を少しだけ澄ますと、たくさんのざわめきと喧騒、つぶやき、そんな声に聴き入るのもまた浅草の楽しみかもしれない。

雷門通りをぶらついて、そば屋の角を右に折れると、見慣れた懐かしい暖簾がゆれている。「二葉」という釜飯屋だ。暖簾をかき分け、引き戸を開けると、奥からおやじが顔を覗かせ、「いらっしゃいませ。あー、久しぶりですね」。ちゃんと覚えてくれていた。（井上弘治）

第二章
浅草の祭り

節分《せつぶん》会《え》（浅草寺）

—2月3日—

浅草寺では「鬼は外」と唱えず「千秋万歳福は内」と発声している。

　パパの鬼　豆で転んで　泣き笑い（円枝）

　立春の前日、その年の幸多からんことを祈って、浅草寺では「大般若経」の転読と災難と厄除けの行事として豆まきが行われるのです。当日、七福神の故事を題材にとった「福聚の舞」も観音さまの福徳を讃えて披露されます。下町を代表する浅草界隈で、一番多く落語に登場するのは「観音さま」で親しまれる浅草寺です。明烏・首ったけ・付き馬・やかん泥・船徳・心眼など、あげたらキリがありません。雷門が舞台の「粗忽長屋」「とうなす屋」の若旦那がうろついたのが、いまの田原町のあたり、落語のクライマックスである江戸三大貧乏長屋のあった〝誓願寺店〟は、いま、浅草ビューホテルの建っているところです。

男 吉田富治
年男 酒井孝
男 根本修
男 渡邊伸一
年男 天笠悦蔵

針《はり》供養《くよう》（浅草寺淡島堂）

—2月8日—

『針供養』当日は、家庭の婦女子はもちろん、仕立屋、足袋屋、袋物屋さんなども裁縫を休み、堂内に用意されたお豆腐に針を刺して日頃の針の働きに感謝をするのです。

色さめし　針山ならぶ　供養かな

有名な高浜虚子の句ですが、プロ&アマを問わずお世話になった折れた針を持ち寄って供養する女性、そして裁縫の上達を願う女性たちで終日賑います。

浅草三社さまの西側によどんだ水をたたえ、いかにも時代を経てきたという半円形の池があります。ここに元禄頃に建てられたという「淡島堂」（淡島さま）で親しまれるお堂が建っているのです。この一画が浅草で一番戦前の面影を残しているところで「石橋」とて、かつては東照宮のあった場所、大名旗本がさぞぞろぞろ渡ったものと見えて、かなりすり減って、現在は保存のため渡ることは許されていません。

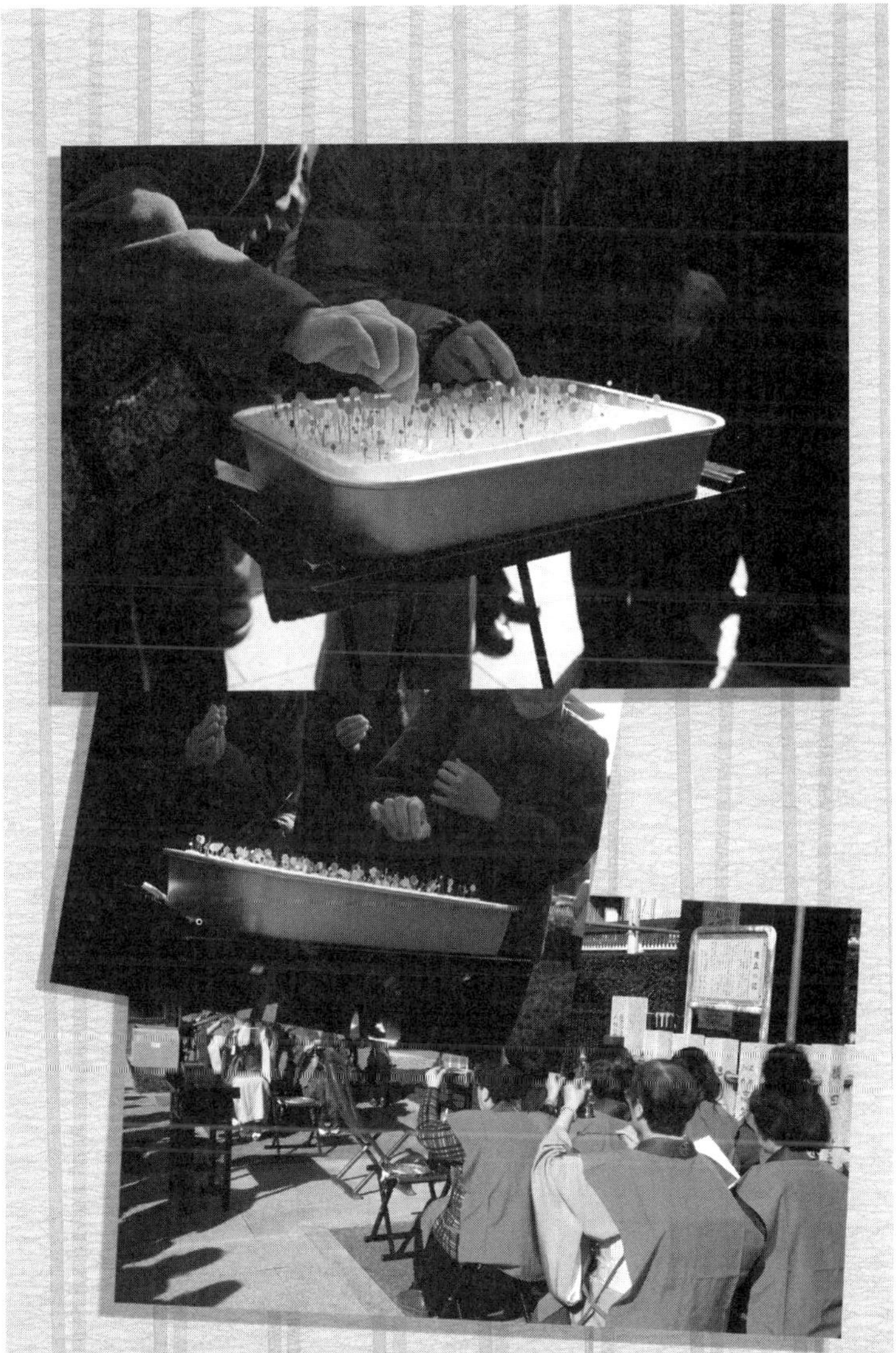

浅草《あさくさ》観音《かんのん》示現《じげん》会《え》（浅草寺）

—3月18日—

浅草寺・金龍の舞

浅草寺の観音像がおりた日は3月18日です。『観音示現会』と申しまして、秘仏本尊として名高い黄金の観音像が、宮戸川（隅田川）から引き上げられたのが、推古天皇（６２８年）のこの日なのです。

そのご霊験あらたかな観音さまの示現を記念して、浅草寺堂内では大法要が営まれ、境内では金龍の舞や手古舞の奉納行列が行われます。この金龍の舞は、観音示現の時、１００尺（約30ｍ）の金鱗の龍が天より舞い降りたという〝浅草寺縁起〟に因み、昭和33年に本堂落慶を記念して創作された行事。長さ15ｍ、重さ80㎏の黄金色の龍を、浅草寺保存会の人びとが手に手に長い棒を持って見事に操るさまは圧巻そのものです。

観音さまは、ご利益があるので大男の仁王さまをふたりも門番にして、ある晩、さい銭泥棒をつかまえて大足で踏みつけると、一発!! 仁王『くせぇ者っ!!』泥棒『へへ、臭《にお》うか?』

仏生会《ぶっしょうえ》・花まつり（浅草寺）

—4月8日—

4月8日には、浅草寺でお釈迦さまの誕生を祝って〝花まつり〟が開かれます。神聖な仏の使いとされている白い象をかたどった山車《だし》が参道をゆっくりと進むのです。象の背中には花見堂が乗せられており、色とりどりの花に囲まれたお釈迦さまが見えます。山車を引く幼稚園児のかわいらしさに思わず口もとがほころぶ春の一刻です。そのお釈迦さまの仏舎利は3粒、五重塔の五層に、ミラーボールのような金属容器に納まって吊るされてあります。五重塔は下から、一層、二層、三層と数えてその最上階の五層に、天井は濃い紺色の、つまり宇宙で3000世界に釈迦が説法しているという設定です。1年の3日だけ五重塔は参拝ができます（参拝証必要）。2月15日の涅槃会《ねはんえ》「釈迦が亡くなった日」、4月8日の仏生会「釈迦が生まれた日」、12月8日の成道会「釈迦が悟った日」です。

白鷺《しらさぎ》の舞《まい》（浅草寺）

—4月第2日曜日—

浅草は1年中がお祭りムードで、改めて春の観光祭というまでもありません。4月上旬の土曜日には流鏑馬《やぶさめ》。伝法院から公園までの行列ののち、弓馬術礼法の小笠原宗家によって行われます。春らんまんの墨田堤で繰り広げられ、蹄の音が響き、矢が放たれる、歓声が上がるのです。花まつりは4月で、お釈迦さまの誕生日。あふれんばかりに飾られた浅草寺花御堂の仏さまに幼い手で甘茶が注がれると、酔った仏さまが、〽かっぽれ……を踊るとは噺家の洒落。

白鷺の舞は、金龍の舞に比べ勇壮さはないが、純白の優雅さで目を引きます。白鷺に扮した女性8名と楽人が不思議なムードをかもし出し打ち鳴らされる隅田川太鼓は、一見をおすすめしたい。このふたつの七福神を模した福聚の舞とで、浅草寺三大奉納舞として有名です。

浅草流鏑馬《やぶさめ》（隅田堤）

—4月第3土曜日—

春らんまんの隅田堤で繰り広げられる流鏑馬は、江戸時代、浅草神社で毎年正月15日に行われていた行事です。

昭和58年（１９８３）から、これを観光行事として、復活しました。伝法院から隅田公園まで行列ののち、弓馬術礼法の小笠原宗家によって、勇壮に行われます。うららかな春の1日（第3土曜日）蹄の音が響き、矢が放たれて、見物客の歓声が上がる流鏑馬。

東京の母なる川、隅田川にとって4月は桜につきるでしょう。満開時には一目千本と言われる桜が、墨堤を1・5㎞にわたって薄紅色の霞のように彩ります。桜の下には露店が並び、お茶がふるまわれ、大川端界隈の芸者さんの愛想のいい笑顔が一層の風情を添えるのです。また、流鏑馬がすむと、伝統と人気のボートレース・早慶レガッタが、中旬に行われます。

三社祭《さんじゃまつり》（浅草神社例大祭・浅草寺および氏子町内）

—5月第3金・土・日—

江戸っ子の祭りといえば総鎮守・浅草神社の『三社祭』です。なぜこのお社が『三社さま』と呼ばれるのか、ご存知ですか？　それは浅草寺のご本尊さま（聖観世音菩薩）を、宮戸川（隅田川）より奉安護持にあたった漁師、檜前浜成・竹成兄弟が江戸浦（隅田川）で漁撈中、はからずも一躰の観音さまのご尊像を感得し、郷司土師中知がこれを拝したのである。

現在の社殿は、三代将軍家光によって再建され、幸い戦災をまぬがれ、現在、重要文化財に指定されています。5月（昔は3月）17日・18日が例大祭でしたが、昨今はその前後の金・土・日曜日に「一の宮・二の宮・三の宮」の神輿渡御で浅草中が湧くのです。各家に吊るされた祭礼提灯、町に流れる三社囃子、氏子四四ヶ町の神輿120余体もこれに呼応してまさに祭り一色。神輿のかつぎ手は男も女もドンブリ腹掛・半天姿・草鞋の仕事師装束、氏子は揃いの浴衣。「オラ、オラ」「セヤ、セヤ」かけ声勇ましく!!

お富士さんの植木市（浅間神社）

—5・6月の最終土・日曜日—

〝お富士さん〟は、江戸時代、富士参りが盛んになり、その時とても富士山まで行けない人のために各地に浅間神社が作られたもののひとつで、仮設の富士山を作って、それを登って、本物の富士へ登った気持ちになったのだそうです。

現在の浅間神社の社殿は浅草5丁目3番地（千東町）にあり、ふだんはあまり遠くからのご参詣もありませんが、山の神として山岳信仰のため「六根清浄」を唱えて祈願する夏の縁日には、大きな植木市が立つので再び有名になりました。その規模は大きく、一大植木縁日とさえいわれて、さながら植物園が浅草に移動してきたかのようです。それに混じって物売り屋が出て賑やかな夏の風物詩のひとつになっています。縁日の終わった翌日は、この富士横町で関東の競売植木市が立つのはあまり知られていないようです。

浅間神社・植木市

朝顔市（入谷鬼子母神）

—7月6日〜8日—

入谷の朝顔市（朝顔まつり）は、下町の夏の風物詩です。並ぶ鉢の数が20万とは「恐れ入谷の鬼子母神」。地口・語呂落ち、駄洒落、ボキャブラと人びとの口の端にのぼる浅草のお寺の名物市。その市は鬼子母神境内を中心に、門前の言問通り一帯で開かれます。江戸川・葛飾・岩槻から集まった業者１２０軒。20万鉢近い朝顔を並べてケンを競えば、人出も3日間で60万とはこれまた、恐れ入谷です。浴衣がけの女性連れ、孫の手を引く（引かれた）おばあちゃん、何でも見てやろうの外国人に、鯉口シャツにドンブリ腹掛けねじり鉢巻きのいなせな兄さんが、威勢のいいかけ声で、ひと鉢１５００円から２０００円。ここ数年来据え置き値段でどの店も同じ協定価格。お江戸情緒と下町の心意気、やっぱり〝入谷田圃（たんぼ）〟と言われた江戸時代から朝顔作りで知られた鬼子母神へぜひ足を運んで、夏を手にしてみたらいかが？

四《し》万《まん》六《ろく》千《せん》日《にち》・ほおずき市（浅草寺）

—7月9・10日—

桂文楽師匠十八番の『船徳』に、浅草寺の〝四万六千日〟が出て参ります。これがほおずき市です。この日のご参詣で、四万六千日のお参りをしたのと同じご利益が授かるというありがたい日。

四万六千日とは佛教で人間の最高の寿命を指すそうで、この日にお参りすれば平均寿命もぐーんとのびるに違いないわけで、また、お米1升は四万六千粒と言われ、1升（一生）無病息災なんてのは洒落の名人、平賀源内の言かも知れません。浴衣姿に日本髪の若い女の娘が、簪《かんざし》の先で、ほおずきに穴を開けながら仲見世の石畳を素足の下駄でカタコトと雷門のほうへ行く光景は過去のものではありません。昔は千成ほおずきで、今は丹波が多く実が大きくて観賞用に適しているからです。千成は、漢方薬として使われ「ほおずき市」のはじまりはその薬としての効能からだったようです。

浅草名物
ほおづき市
浅草観音市

隅田川花火大会（隅田川）

—7月最終土曜日—

男性的な豪快さと、女性的な華やかさが、夜空いっぱいに交錯する隅田川花火大会は、下町の夏の風物詩の横綱です。

明治7年に厩橋（もとは渡し場）は木橋ができ、現在のものは昭和4年に完成した三代目で、優美な曲線のアーチ橋。

江戸時代、八代将軍徳川吉宗の頃にはじまった〝川開き〟の花火は、落語の『たがや』にも出てきます。鍵屋と玉屋の花火師が競った。見物客も花火が上がるたびにかけ声をかけたそうです。戦争・事故・交通事情などで何度か中断しましたが、昭和57年に再開され、今日に至っています。

毎年、7月最後の土曜日。

〽のぼる流星　星下り
　玉屋がとりもつ縁かいな……

打ち上げ花火のみで仕掛け花火のなくなったのは淋しいけれど、夜空に咲く花火の華やかさや迫力は見るものの心を酔わせます。

浅草サンバ・カーニバル（浅草寺周辺）

—８月最終土曜日—

サンバ・カーニバルは、昭和56年（１９８１年）にはじまりました。

そもそものきっかけは、内山栄一前台東区長と、浅草の芸人として育った伴淳三郎さんというお祭り好きのふたりが意気投合したのがはじまりです。浅草の観光連盟や商店連合会のみなさんも55年に、リオのカーニバルの実地見学に出かけ、これが翌年実現しました。

いまの世の中はテンポが早いのです。浅草の新しいイメージ作りと活性化のために、男も女も踊り狂う。参加40チーム約２０００人が仮装行列も加えて、サンバのリズムに合わせて踊りながらパレード。毎年観客は20万人で、雷門通りと馬道通りはふくらむ一方。参加チームのコンテストは賞金１００万円！〝踊るアホーに、見るアホー〟浅草の夏は、三社祭にはじまって、隅田川の花火大会、ほおずき市と、最後は『浅草サンバ・カーニバル』で、幕が下りるのです。

浅草燈籠《とうろう》会《え》（浅草寺・かっぱ橋本通り）

—9月第3土曜日から3週間—

下町灯りのアートとして、『浅草燈籠会』が、浅草寺境内を会場に、さまざまなイベントとともに開催されます。『かっぱ橋本通り』も燈籠会を同時にスタートします。江戸時代、高僧が上野の寛永寺から浅草の浅草寺へ行くお成道であった由緒ある「かっぱ伝説」が残るところです。この燈籠には地元町会・商店街・各企業をはじめ地元の学生や児童・俳句の会が参加「出会い～縁」をテーマに浅草の下町の夜を散歩がてら、お楽しみいただきたいと思います。燈籠の4面すべてにユーモアのある絵が、個人、企業、団体と浅草の初秋を彩っています。なお、明治大正時代を浅草と上野を結ぶ幹線路として賑いをみせ、その頃は人通りが多く、車両禁止にされた東京でも珍しい商店街の『かっぱ橋本通り燈籠会』にも、ぜひ足をお運びください。詳細は、浅草燈籠会事務局03・3581・5725にご連絡願います。

酉《とり》の市《いち》（鷲《おおとり》神社と長国寺）

—11月酉の日—

11月に入ると、酉の市のポスターが目につきます。江戸時代の年の瀬の行事が晩秋の風物詩となって、また来る年の幸福をいち早く求めて参詣客が熊手を求めに足を運びます。『おとりさま』といえば浅草の鷲神社のことで、酉の市の規模も人出も抜群なのは昔からです。

酉の日が、三の酉まである年は火事が多いとの俗説がありますが、寒気とともに火の気が多くなるので、一般に火事に気をつけることがよく言われ、二の酉の年だからと安心してはいられません。熊手を売る店のほかに「頭の芋」（唐の芋）かしらになって出世するとて、また、粟で作った「黄金餅」は金持ちになるとて、これが（切り山椒＝ざんしょう）に変わって酉の市の縁起物となって現在に至っています。昭和33年以前はその浅草鷲大明神の東隣りに吉原が控えていたことも、浅草酉の市が盛況を誇る大きな要因でもありました。

羽子板市（浅草寺）

―12月17日〜19日―

羽子板市

羽子板は、はじめは縁起物として「幸運」を招く板として羽根と一緒に売られました。江戸時代後期からは、商業性が強くなって歌舞伎役者の似顔を押絵で作った羽子板を主に、小町娘の羽子板その他が作られたのです。

現代はニュース性のあるタレントや、歌手またはミス何々に当選したような人びとの、プロマイドやポスターのように飾って楽しむ、コレクションのための羽子板もあるようです。歳の市の羽子板市は浅草の観音さまがはじまりです。それから大晦日まで、東京の著名な神社をまわりながら出店したのです。浅草寺の羽子板市は今日でも盛んですが、江戸時代から明治にかけては田原町駅あたりから、雷門、観音さまの境内へと数百店が人気者の羽子板を並べました。いまの羽子板市は、昔ほどの規模ではありませんが、それでも華麗な江戸の歳末情緒を大いに伝えていると思います。

1,000

除夜の鐘（浅草寺）

―12月31日―

1年がゆく。

こその思いを拭い、浅草寺の百八つの鐘が夜のしじまを低く伝えます。

あらたまの年が訪れるのです。

〽もういくつ寝るとお正月……お正月には。

などと歌って正月を指折り数えて待つ子どもたちの、大晦日近くは……貧しい親にとって年末の支払いの金策に駆けまわる日々でもありました。どうしても工面がつかないと、雲隠れをして、元旦の早朝に帰ってくる職人や小商人が下町にはたくさんいたのです。

落語の『掛取り』『にらみ返し』『言訳座頭』などご存知のとおり、しかし一夜明ければ、その大晦日の借金取りが「おめでとうございます。本年もよろしく」と、あいさつに来て新しい年を迎える大晦日なのです。

除夜の鐘を聞きながら、来年の幸運を願って初詣は浅草寺へ。

第三章 浅草路地裏散歩

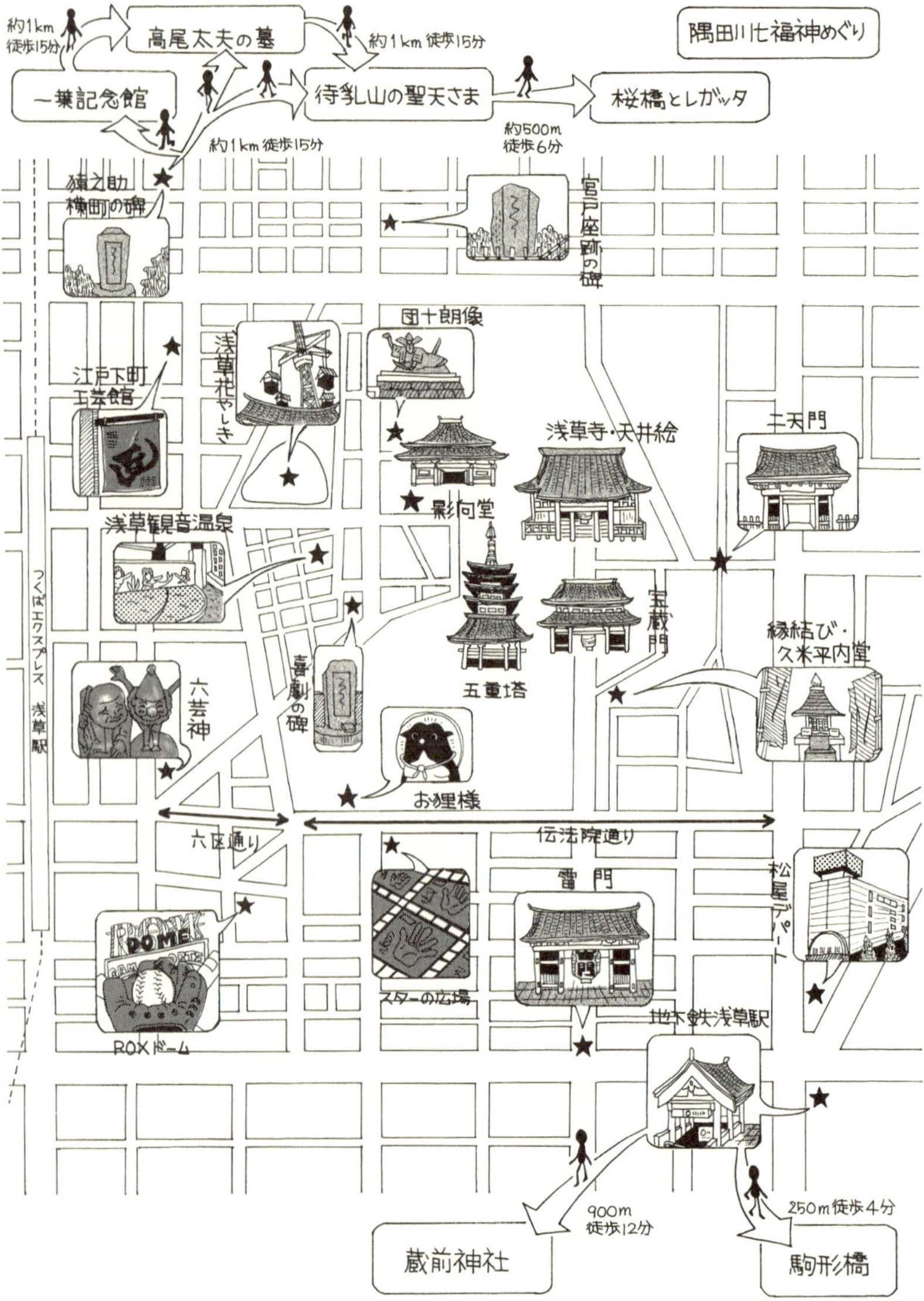
隅田川七福神めぐり
一葉記念館
約1km
徒歩15分
高尾太夫の墓
約1km 徒歩15分
待乳山の聖天さま
約1km 徒歩15分
桜橋とレガッタ
約500m
徒歩6分
猿之助横町の碑
宮戸座跡の碑
江戸下町工芸館
浅草花やしき
団十郎像
影向堂
浅草寺・天井絵
二天門
浅草観音温泉
五重塔
宝蔵門
喜劇の碑
縁結び・久米平内堂
六芸神
お狸様
つくばエクスプレス浅草駅
六区通り
伝法院通り
雷門
松屋デパート
スターの広場
ROXドーム
地下鉄浅草駅
900m
徒歩12分
250m 徒歩4分
蔵前神社
駒形橋

浅草 ひさご通り
松下電器
東京新橋組合

浅草雷門

雷門と言えば浅草。浅草と言えば雷門。その浅草寺のエントランス雷門。鉄筋コンクリートの門。屋根は切妻造りで、本瓦ぶき、高さは約12ｍ。観音さまにお参りする人の目にまずうつるのがこの門で、いろいろな門がありますが、いわば浅草寺の総門です。真ん中に〝雷門〟と大きく書かれた大提灯がぶらさがっています。いまの雷門は昭和35年に再建されたものですが、昔のは慶応元年に焼失してしまったので95年ぶりに造り直されました。正式には風雷神門といい、右に風神、左に雷神が祀られています。雷神だけが有名で風神は居候のようですが、どっちにしても奥に観音さまが、デンと構えておいでになるから、入り口でどう頑張っていても雷神も居候かも知れません。

休日には、朝早くから日暮れまで、この門をくぐって観音さまにお参りする人はひっきりなしで、子どもばかりでなく、団体客のおじいさん、おばあさんの迷子が10件くらいは出るそうです。最近は外国人の迷子も多く、雷門のお巡りさんは、英語や外国語の勉強で大童。

金龍山
ホテル雷門

縁結び・久米平内堂

〝出逢いが人生を変えます。良き出逢いを〟とて、良縁を願うのか……『縁結び』の神さまとして仲見世通り浅草寺の山門の傍にあるのが久米平内堂です。

縁結び・久米平内堂

みどり色のノボリに囲まれて、とくに浅草の芸者衆に人気がある座禅地蔵で、一字で〝粂〟と呼称する時もあります。

ではなぜ、侍である平内が、縁結びとか、芸者衆に人気が出たのか？　と言いますと、その昔、辻斬りの流行った元禄時代。

ひそかに辻に立って1000人斬りを続けた平内が、己の罪の深さを悟り、禅の修行から『仁王座禅』の像を作り仁王門近くに埋め、これを仲見世雑踏の人に踏みつけられることを願ったのです。

「踏みつけられたい」という武士の素直な願いが、ことばの洒落で「文付けられたい」に変わり、縁結びのご利益とされ、若い女性がワイワイ拝んで行く。若し信ずる未婚の女性がいたら、お賽銭と、ご参詣をどうぞ!!

参詣の女性の〝付け文〟の着物の模様をご覧あれ。

久米平内堂

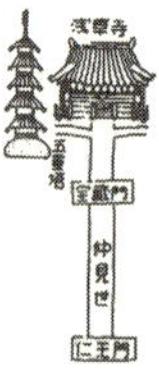

宝蔵門の大わらじ

浅草寺参道の中ほど、仲見世をすぎて観音さまの本堂に近づいたところに『宝蔵門』があります。これが、金龍山の山門で、つまり浅草寺の山門です。ここには昔、観音さまのご本尊を守る〝阿形《あぎょう》像・吽形《うんぎょう》像〟の仁王像が奉安されていたことから仁王門と呼ばれたのです。しかし、太平洋戦争で空襲のために焼け、昭和39年に再建されて、浅草寺の宝物を収めたので宝蔵門と呼ばれるようになりました。現在の雷門にあるのを、仁王さまだと思っている参詣の方がありますが、あれは風神・雷神で、宝蔵門が仁王さまです。昔、観音さまのおさい銭を盗んだ泥棒が、仁王さまにつかまって襟首をつかんで参道の石畳に叩きつけられて、大きな足で上からギュウと踏みつけられ思わずブーと一発‼　仁王さまが『曲者っ』と鼻をつまんだら、泥棒が『臭う（仁王）か?』と言ったとか。その宝蔵門にかかっている〝大わらじ〟は浅草名物のひとつです。5mくらいあるでっかいわらじですが、うっかりしていると見逃してしまいます。

宝蔵門の大わらじ

山形県村山市奉賛会

浅草寺・五重塔

浅草寺・五重塔

徳川三代将軍家光公が建立された五重塔は戦災で焼失して、昭和48年に現在の塔院は建てられたものです。浅草寺が江戸城の鬼門にあたるので、その鬼門除けに「猿面」の瓦を三層目につけたとして、今回もこれを取りつけました。塔の総高の3分の1にあたる15m余の九輪を乗せ、幕府の権勢を誇示し、低い家並みにあって空高くそびえさせ信心度を深めさせられたのは昔。江戸時代より20mも高く、屋根瓦にアルミ合金瓦を使った近代建築も、まわりに高いビルの現代では、粋な女性姿をあしらわないと目立たないのではないでしょうか。

塔の五層には、スリランカ国よりの聖仏舎利が奉安されています。二万七千基の霊牌が安置され、現在は満席だそうです。塔院に入るには参拝証が入用で、それは永代供養か宝塔供養を申し込んだ人に授与されているそうです。宗派に関係なく、マッカーサー元帥・蔣介石総統・川口松太郎・三益愛子・市川団十郎代々という位牌もあるそうです。

浅草寺・二天門

浅草寺・二天門

浅草寺の本堂（観音さま）に向かって右へ出ると『二天門』。仲見世をご参詣の参道として、行き帰りするご信者は、めったに『仁王門』や『雷門』はくぐっても、こちらへはいらっしゃらないようです。二代将軍秀忠公によって建立された二天門は浅草寺の随身門です。

二天門と伝法院は戦災からまぬがれ、３７０年の姿をいまにとどめています。この二天門をくぐって、馬道に出ると、有名な浅草歌舞伎の宮戸座のあった猿若町に出ます。隅田川の別の名、宮戸川からつけられたこの芝居小屋は、猿若三座のひとつですが、浅草らしい小芝居の歌舞伎役者が活躍したところで、連鎖劇・曲芸・新派など六区興行街の前身でもありました。現在は跡地として碑が建てられています。つまりこの二天門の前通り、浅草松屋からホンの5分ほどのところ、馬道には、夕方にならないと開店しないおでん屋〝丸太ごうし〟があります。小じんまりした店で種類が多く、安くて旨いので、噺家が入れ替わり立ち替わり……。

東京新橋組合
二天門

浅草寺の本堂

1000年以上の歴史をもつ浅草寺。ふだんの日曜日でさえ「仲見世」はもちろん、境内には露店が出て賑やかなこのお寺は、正月ともなるとモウ大変!!　ふだんは5分で行けるという雷門から本堂まで1時間もかかってしまうというのだからスゴイ!!　100軒近くある仲見世を通って宝蔵門をくぐると、本堂です。

浅草寺の起源は、1300年前、浅草村の漁師で浜成・竹成の兄弟が、浅草の浦に網を入れた時、観世音菩薩像がかかりました。それを村長の土師直中知が自宅に寺を作り安置したのがはじまりで、そののち勝海上人が浅草寺を現在の地に建てて永代秘仏として厨子《ずし》に納めてお祀りしたのです。徳川家康が浅草寺を祈願所とし、寺領500石を与えてから芝居・絵草紙・浮世絵・工芸品など、江戸の民衆文化の花が開いて今日の繁盛となりました。厨子の中には1寸8分（5・5㎝）の黄金の観音さまが3体あるとか、秘仏のご本尊は2尺（60㎝）近い金ムク本尊だという説もあります。

浅草寺の本堂

浅草寺・天井絵

落語「やかん」のイントロに、観音さまの正確な呼び名が出てきますが〝金龍山浅草寺聖観世音大菩薩〟落語ではこう呼ばれます。「浅草観音」またはただ「観音さま」でもわかるのが、観音本堂です。観音さまを祀る聖観音宗の総本山でもあるからでしょう。観音本尊は秘仏のため非公開ですが、その昔、推古天皇の時代に漁師の兄弟により隅田川（宮戸川）から拾い上げられたと言います。前の本堂は太平洋戦争中に、大空襲で焼失してしまい、昭和33年に鉄筋コンクリート造りで再建されました。本堂は、仲見世通りから参拝客が引きも切らず、最近は外国人も多く、とくにお正月は全国でも指折りの雑踏となります。さて、うす暗い本堂内で、案外と気がつかないのが、天井絵なのです。さしえの女性のバックにあるのは、その内の、堂本印象画伯の描かれた「天人散華」の絵（著作権の関係で消去）です。本堂に参内し、おさい銭を上げてお参りするだけでなく、目を上に移し天井絵の素晴らしさを味わってくださるようおすすめします。

浅草寺・天井絵

二天門

浅草喜劇人の碑

浅草は芸能の中心地でした。浅草寺全体が公園に指定され、六区にわけて整備、興行街が『六区』となり名前が有名になったのです。

浅草喜劇人の碑

明治36年、活動写真（映画）が電気館でスタート、大正時代に入ると浅草オペラが全盛となり、田谷力三・藤原義江が人気を取り、昭和になると榎本健一や古川緑波などの喜劇スターを生み、木馬館の安来節もブームを呼びました。戦後もフランス座・ロック座のストリップ＆コメディアンが続出し、映画とともに全盛を極めたのです。私も学生時代、松竹座のエノケンに夢中になって、浅草通いをし、常盤座の〝笑いの王国〟など忘れられません。

テレビ時代となり、映画・芝居も斜陽化で、客足が遠のき閉館が相次ぎ今日に至りました。奥山（浅草寺裏手）にはエノケンをはじめ清水金一・大宮デン助・伴淳三郎などの喜劇人の碑が、徳川夢声などの映画弁士の碑と向かい合って建っています。猿若三座のように、昔の六区も夢まぼろしの世界になってしまったようです。

喜劇人の碑

影向堂《ようごう》

平成6年10月に落慶した影向堂は「綴《しころ》葺《ぶき》」に、金色の「鴫尾《しび》」を置いた独特の屋根をしています。お堂内には「観世音菩薩」さまを中尊にして「生まれ年ご本尊」八尊の仏さまがお祀りしてあります。浅草寺西側の境内に、薬師堂・淡島堂とともに存する影向堂とは、観音さまのお説法やご活躍に不断に賛嘆協力されている仏さま方を『影向衆』と申し、これらの仏さまをお祀りしているお堂なのです。

生まれ年守り本尊のそれぞれをご紹介。千手観世音菩薩（子年）無数の御手で救う。虚空蔵菩薩（丑・寅年）福徳と知恵を与える。文殊菩薩（卯年）ものごとの真相を告知。普賢菩薩（辰・巳年）延命福寿の幸せを。聖観世音菩薩（中尊）苦を除き安楽を給う。勢至菩薩（午年）阿弥陀さまの脇侍救済。大日如来（未・申年）根本仏として願力を。不動明王（酉年）怒りのお姿で、迷いを切る。阿弥陀如来（戌・亥年）無量の光明寿命を授く。おさい銭はひとつぶんでこのご利益です。

影向堂
影向堂

九代目団十郎銅像

金龍山浅草寺・観音さま本堂の裏、広場の左手に『暫』の銅像があります。これは九代目団十郎の歌舞伎十八番《おはこ》舞台姿で、大正8年に門弟たちが建てましたが、戦時中に供出をしてしまいさしえの像は昭和61年（1986）に復元したものです。明治時代に新富座で歌舞伎の黄金時代を築いた九代目団十郎は本名を堀越秀、初名を河原崎長十郎と言いました。七代目市川団十郎の子として生まれ、明治7年に市村座の座頭となり九代目を襲名しました。活歴劇や腹芸を創始するとともに「新歌舞伎十八番」も創り、近代歌舞伎の礎を築いたのです。十八番とは、助六・矢の根・毛抜・鳴神・景清・勧進帳など、この銅像はそのうちの「暫」で、原型は彫刻界の重鎮・新海竹太郎氏の意欲作。中村不折氏が題字。森鴎外氏の撰文《せんぶん》、と素晴らしい顔ぶれではありませんか。あの顔の隈《くま》取り、凧のようにつっぱった大きな神の衣装（素袍《すおう》という）、途方もないその姿は、非現実的な効果をねらった政治風刺の幕府を誤魔化すための方便だったのです。

九代目
市川團十郎

宮戸座跡の碑

『宮戸座跡の碑』と書いた石碑が、浅草寺の裏手、浅草3丁目の柳並木の途中に立っています。この近くは、江戸から明治にかけて、芝居小屋が並び有名な場所でもあったのです。

これが江戸歌舞伎のメッカ、猿若三座の現在の姿で、当時は猿若町といったこのあたりには、中村勘三郎の中村座をはじめ、市川座、河原崎座の三座が、歌舞伎ファンのこたえられない場所だったというわけです。

江戸から明治になって、その三座が、宮戸座と姿を変え、戦前までは歴史ある劇場だったのです。歌舞伎俳優でこの舞台を踏まなかった者は少ないというくらい、その登龍門というべきでしょう。大正時代になって新派の演劇も興行したそうです。

いまは、もう浅草6丁目とて、戦災で焼けた宮戸座跡に石碑がしょんぼり立っているだけで、そこにできた浅草アパートとマッチしているのは不思議な存在かもしれません。いま、ここに藤浪小道具という、芝居で使われる小道具をこしらえる店（会社）があります。

猿之助横町の碑

昔、吉原田圃と呼ばれていたのが吉原で、千束の束は稲束のことで、昔は、稲が千束も取れたところだったので千束通り。いまは賑やかな商店街ですが、このふたつ目の露地を左に曲がったところに、二代目の猿之助が育った家がこの一角にあったそうです。いま碑の建てられているこのあたり一帯は、大正時代まで十二階下と同様銘酒屋「めいしや」（私娼窟）がかたまってあったところとか。ちなみにこの通り、女剣劇浅香光代の稽古場とミニ劇場があって、いまだに演劇と縁があるようです。江戸時代に隆盛を極めた宮戸座・市村座・守田座の猿若三座のあったのは、ここからもう少し隅田川寄りですが、明治以後、つぎつぎに移転して明治22年、市村座を最後にこの地から消えて、いまは碑が立つのみ。現在は猿之助横町というくらいですから、道は細い、しかし大通りの言問通りを歩くよりは面白く、粋な板塀をまわした料亭、木造のしもた屋、ごちゃごちゃ商品を置いた雑貨屋など、スナック・飲み屋・小料理の店が軒を連ね、一度足を運んではいかが？

猿之助横町の碑

猿之助横町

江戸下町伝統工芸館

ひさご通りの中央に、台東区立の『江戸下町伝統工芸館』があります。この浅草演芸ホールの通りを、ずーと左へ行った突き当たりがひさご通りです。江戸時代、全国から腕の良い職人を江戸に集めた徳川幕府は、職人の育成に努めました。いま、なお多くの手仕事に生きる伝統工芸の職人さんが、昔ながらの技術や技法を受け継いでおられます。ひとつひとつ心をこめて作られた手作りの工芸品には温かいぬくもりと味わいがあるのです。

江戸下町伝統工芸館

指物、桐たんす、切子、すだれ、刃物、木彫・押絵羽子板などなど、釣竿から刷毛や提灯、べっ甲細工に至るまで、常時展示しております。落語の精神もともに、受け継がれた江戸の心を、手に取ってお楽しみください。入館は無料・午前10時から午後8時まで年中無休です。鍛え抜かれた技と心が、きっと貴方を江戸の世界へ誘うことと思います。ぜひ!!

なお、毎月土・日のうち5日間は製作実演もご覧に入れております。伝統工芸の技術・技能を録画したビデオ・ＤＶＤの貸し出しは、０３・５２４６・１１３１まで。

江戸下町伝統工芸館
ギャラリー 匠
江戸下町伝統工芸館
江戸下町伝統工芸館

花火大会
植木市
朝顔市
カーニバル
田中

花やしき

浅草花やしき

いい年をして乗ったという江戸川乱歩や横溝正史や竹久夢二の真似をして、『浅草花やしき』のメリーゴーランドに跨ってみました。大正ムードが目の前に展開して、木馬は音をたて回転しはじめ、スピーカーからは、ちょっぴりもの悲しい音楽が流れています。木馬の背中はツルツルしていて、すべり落ちそうな気がしてしがみついていた私も、じき慣れて、親と子が乗りて止まらずまわるのに、空中の波乗り感を味わいました。

　大正天皇もご幼少のみぎり、お忍びでいらした東京にできた最初の有名な遊園地なのです。森田六三郎という植木職人が江戸時代、この浅草奥山に四季のあらゆる草花を栽培し、珍しい鳥や動物を飼育し『花屋敷』とて諸大名の訪れる高尚な遊興地としたのがそのはじまりです。大正になってからは、ローラーコースター・お化け屋敷のスリラーカー・メリーゴーランドのほか、縁日ムードの射的・ザリガニ釣りと、子どもたちの浅草ランドとなりました。中央の小高くなった築山には戦災や関東大震災で亡くなった動物たちの供養碑がひっそり立っています。

勝手に県民の日キャンペーン
花やしき
浅草門

浅草観音温泉

浅草観音温泉。浅草に温泉があるというと「ほんとう?」と返事が返ってきます。ご存知〝花やしき〟のすぐ裏に鉄筋コンクリート4階建てのビルがあって、大浴場を揃えた浴場で、入場料は700円です。国際通りと、ひさご通りの間の横丁を入って行くと、昔ながらのすき焼きの「米久」や、カレーライスの「びっくり食堂」、仲見世近くには、吉原や六区の映画街が盛んな時代の名残りの店がいっぱいあります。

サトウハチロー先生曰く『浅草くらい、気の置けない、ぶらない、ものが安いところはない、安くてウマくて気の軽いのは浅草では当たり前』。庶民のホテル・旅館もこのひさご通りを入った横丁には並んでいるのです。その中の1軒「ホテル貞千代別館」では、人力車をそなえたりして人目を引いています。観光客向け（とくに外国の方）にアイディアたっぷりのサービスも行っていて、いずれも「下町浅草」をアピールするのに浅草演芸ホールともども満点の情緒です。

朝6・30分より夕方5・30分終了。水曜定休日。

唄と踊りで今日も楽しく
浅草観音温泉
入浴入口

六芸神

浅草演芸ホールのある『六区ブロードウェー』六芸神を繁栄の守り神として、この通りに祀ってあります。ご紹介します。

戯神《おどけがみ》

この神さまは、古くから道化や曲芸などの大道芸を見守ってきた神さまです。演じる物のうしろに立ち、見物人を集めるといいます。この神さまは、よく旅に出て各地の大道芸を見てまわるそうです。この神さまに会えた人は、人を引きつける魅力を授けられるといわれています。

話神《はなしがみ》

この神さまは、古くから話芸にいそしみ、さまざまな話芸の間を心得ている神

さまです。この神さまが舞台にあがり見守ってくれていると、落語や漫才などの舞台が明るく盛り上がり、芸人たちの失敗さえも笑いに変えてくれるそうです。

踊神《おどりがみ》

この神さまは、古くからいろいろな踊りを伝え聞き、踊り子たちに伝え続けてきた神さまです。日本舞踊から洋風ダンスまで、さまざまな舞を演じられるそうです。この神さまが舞台に現れると、その舞台が成功するといわれています。

奏神《かなでがみ》

この神さまは、いろいろな曲を知りつくし、どんな歌にも演奏を合わせられる神さまです。弟の唄神とともに楽器演奏の舞台を見守っていますが、この神さまが一

緒に演奏してくれると、楽器の音色が引き立ち、心に響くものになるそうです。

唄神《うたいがみ》

この神さまは、兄の奏神とともに舞台に現れ、歌の舞台を見守ってくれる神さまです。歌手の歌声をより一層引き出す術を持った神さまです。この神さまが舞台に現れ、一緒に唄ってくれると、その歌は、必ず流行るといわれています。

演神《えんじがみ》

この神さまは、劇や映画などで、主役・脇役を問わずに役を演じる役者たちを見守ってきた神さまです。特に、若手の役者たちが育つのを楽しみにし、いろいろな劇や映画を見ては、役者たちに演技の知恵を授けてくれるそうです。

六芸神
おさいせん

浅草六区通り

浅草演芸ホールの真ん前の観音さまへ行く道『浅草六区通り』とて、このわずか１００ｍの商店街の入り口に大きな石燈籠が目につきます。浅草を育て浅草を愛した文人・芸人の名跡をここに残そうと、くじらの店〝捕鯨船〟の河野道夫さんが発起人となり平成17年3月に素晴らしい通りになりました。浅草がんばる会の会長でもある河野さんは元デン助劇団の二枚目役で活躍したその大宮デン助をはじめ、渥美清・萩本欣一・清水金一・東八郎・沢村貞子・三波伸介・由利徹その他の大きな写真とプロフィールの紹介は一見の価値があると思いますので、ぜひこの通りの散策をおすすめします。浅草公会堂・仲見世・浅草寺への近道でもあり、安くて美味しいお店が30数軒、おいでをお待ちしています。

六区通り
アトリエ わよう
白雪
天健
浅草
六区通り
近道
浅草公会堂
仲見世
六区通り
六区通り

ROXDOME

いま、浅草演芸ホールにいらっしゃるお客さま。この六区の通りは『六区ブロードウェー』とて、すでに〝六芸神〟なる芸能の神さまでご存知と思いますが、

まずは9階建ての浅草ＲＯＸです。そのすぐ前にあるのがＲＯＸ3、ここの「スーパーマルチコート」は、ミニサッカー場として、連日連夜、汗の滴。1時間5000円とて、サラリーマンや子どもたちのサッカースクールとしても予約でいっぱいです。

そして〝ＲＯＸＤＯＭＥ〟が、その隣りにオープンしました。1階はアミューズメントスペースで、2階はバーチャルバッティングセンター。有名投手がモニターに映し出されて、実際にバッターボックスに立った気分を味わえるという素晴らしいもの。

ＲＯＸ3では、息子のJリーガー姿を夢見るママたちの熱い視線が飛びかっています。

ＲＯＸＤＯＭＥでは、元・巨人の松井・清原・高橋のママやパパを胸に描いている親子が押しかけているのでは？浅草新名所をご紹介しました。

DOME X
SPORTS
SUGO
バッティングド

伝法院通り

亥年・伝法院通り

〝江戸の風情を現代に〟と、この演芸ホールの正面から浅草寺への仲見世までの道を、「伝法院通り」とて、約２００ｍを歩いてみてください。平成17年暮れに「江戸まち」として模様替えをしたのです。大八車や火の見櫓、天水桶など、屋根の上にはねずみ小僧が千両箱を抱えて逃げるオブジェやら、お馴染み地口行灯に加え、各店のシャッターには商店をイメージした水戸黄門・坂本龍馬やらの江戸８人衆が描かれています。ぜひ、お帰り道にご参詣がてら……。

伝法院通
浅草公会堂
伝法院通
伝

おたぬきさま〈鎮護堂〉

『おたぬきさま』で親しまれている鎮護堂は浅草寺境内に住みついた狸の乱行を鎮めるため、伝法院正面脇に同院の鎮守として『狸社』を祀ったことにはじまると言います。明治5年。時の浅草寺の貫主の発願によるとか。その後福徳を願う信者の参詣が多いので広く一般にも開放されました。

明治16年。この地に移して、名を『鎮護堂』と改め、現在の堂宇は大正2年に再建されたものです。毎年3月17日・18日に行われる祭礼では『鎮護大使者御祭典』のノボリが奉納され、神楽囃子が流れる中で〝地口行灯〟が並び、タヌキの宝くじはカラくじ……などなど防火・盗難・商売繁盛などの守護神としても知られてきました。境内には昭和38年建立の幇間塚があって、表面にその由来とその下に、久保田万太郎の〝またの名のたぬきづか、春ふかきかな〟の句。裏面に幇間一同の名を刻み、幇間のことを『たぬき』と呼んだことから、この地に建てられました。浅草演芸ホールから50ｍくらいのところにありますので、美人とのご参詣をおすすめします。

スターの広場

浅草公会堂前に、四角いアルミ板の手形が並んでいます。アメリカのハリウッドの真似をして、大衆芸能で活躍をした&している有名人の名がズラリと目に入り、さすがほかではできない素晴らしさです。「スターの広場」とて、エノケン・アラカン・市川右太ェ門から、上原謙・宇野重吉・長谷川一夫・美空ひばりと、落語の柳家小さん・桂小南に至るまで、ぜひご一見をおすすめします。浅草演芸ホールから歩いて1、2分のところです。

敷石がオレンジだからオレンジ通りです。浅草新名所のひとつになっています。この通りを新仲見世へ向かって歩けば、浅草では知らぬ人がいない、かつてのモダンボーイ沢田さんの経営する「アンヂェラス」の喫茶店。反対側の角に、甘味の店・芋羊かんでお馴染みの「舟和」。ちょっと右へ足をのばすと「やげん堀」の七色唐がらし屋。そばの老舗の「尾張屋」の天ぷらは、丼ものでも極上品。その先は「すしや横丁」でズラリ軒を並べて、回転寿司では味わえない江戸前を誇っています。

お気に入りのスターは
見つかりましたか?

浅草・松屋

『浅草駅・東武電車』の文字。この松屋デパートは、東京で初めてのターミナルビルです。吾妻橋の交差点の北側、江戸通りと馬道通りが二股に分かれるところに、浅草松屋はあります。昭和6年、映画街・盛り場として浅草が最高に賑っていた頃で、開店当日は30万人もの客が殺到して、その整理にシャッターを上げ下ろししたということです。

　下町的な特色を出すために、流行色の銀座とは違って、値段で魅力を出し、子どもや家族的な面に重点をおいて「スポーツランド」や「大食堂」と1000名を収容する大きなスペースをさいて大当たりをしました。今日でもより積極的に下町をアピールして、親しみやすさをモットーに〝江戸職人コーナー〟などの催事を主眼に、江戸指物・江戸独楽・江戸すだれ、簪・飾り物・江戸切子（ギヤマン）手作り箒……と。実演販売を行ったり駄菓子などもあり、屋上には〝正一位出世稲荷大明神〟が朱塗りの鳥居の隙間もないほど並んでいるのです。

　ぜひ一度!!

浅草・松屋

MATSUYA
松屋 営業中
浅草駅

地下鉄・浅草駅出入口

『花の雲　鐘は上野か　浅草か』その上野と浅草が戦後、東京23区の心臓部に位置して台東区となりました。台覧・台臨とて、めでたさ・気高さを表し、上に台をつけ、東は日出ずるところ・若さをモットーとしたとか。

　上野と浅草という二大文化圏は世界中に知られた観光名所でもあり、その両方をつなぎ昭和2年に地下鉄（銀座線）ができたのです。その浅草駅の改札口を出て階段を上ると、吾妻橋のたもとに朱色の寺院風の建物が目につきます。鉄格子に丸く囲まれて「地下鉄出入口」の縦二行のアール・デコ風の文字。この駅舎は、昭和2年から平成6年の今日まで空襲で焼かれることもなく、昔を語って建っているのです。アサヒビールの目の下、松屋と神谷バーに囲まれて、地元の人たちや外国人観光客がひっきりなしに出入りする出入口なのに、意外や意外、建築家故今井兼次先生のアンティックなデザインということは、ほとんどの乗降客がご存知ないでしょう。

駒形橋はアーチ型

隅田川にかかる橋といえば、千住大橋からはじまり、白鬚橋・桜橋・言問橋・吾妻橋・駒形橋ときてさらに下流に、厩橋・蔵前橋・両国橋となります。この駒形橋は、橋のたもとにある駒形堂にちなんで名づけられました。落語「高尾」でご存知の、吉原の遊女二代目高尾が仙台の殿さま、伊達綱宗を恋しがって詠んだ〝君はいま駒形あたりほととぎす〟の句で有名です。この句碑は駒形堂のある駒形公園に建てられています。昭和2年に現在の橋がかかるまで、駒形の渡しが続いていて、昔、江戸っ子は「コマカタ」と濁らずに発音したのは、スミダ川だからでしょうか。駒形橋は、側面から見ると、中央は路面の上がアーチ、左右は路面の下がアーチで、優美な曲線を描いています。

蔵前神社・八幡宮

落語の名作「もと犬」の舞台は〝蔵前八幡〟こと蔵前神社の境内です。八代目春風亭柳枝の十八番で、純白の野良犬が参詣客にかわいがられて「白や、おまえのような犬は人間に近いという」三ン七、21日の犬だけにはだし参りをすると、体中の毛が抜けて人間になっていた。それから起こるさまざまのギャグが……ご存知の通り。浅草蔵前3丁目にあるこの蔵前神社は、地下鉄大江戸線「蔵前」駅のすぐ傍です。

☆

さらに阿部康久宮司のお話によると、人情噺「阿武松《おうのまつ》」も江戸時代には、この蔵前八幡の境内で勧進大相撲が催され、大関谷風や雷電などの名力士が活躍した時代のことで、この史実に基づいて、相撲協会や横綱千代の山ほかの石玉垣が奉納されています。大飯食らいで破門されたというのは阿武松の、後世の作り話だそうです。そのほか境内には、福徳稲荷神社もあり、2月には初午の日にご参詣で賑います。ぜひ落語ファンはお立ち寄りを!!（モデルは昌子夫人）

献

一葉記念館

一葉記念館は地上3階地下1階、広い・きれい・快適な、たのしい！　うれしい！　文化施設です。浅草演芸ホールから歩いて10分、バス停「竜泉」より2分。もう5000円札でお馴染みの樋口一葉は「たけくらべ」「にごりえ」など、明治26年から下谷龍泉寺町で荒物・雑貨と駄菓子の店を開いていました。24歳という若さで亡くなるまでに数々の名作を残しています。

一葉の生涯や残された作品、さまざまな資料やら文机・筆筒まで、その生涯にわたるプロフィールがすべて紹介されているのです。昭和36年に建設された記念館の老朽化に、台東区が改築、歴史と文化の街台東区浅草にふさわしい施設として、みなさまのご来場をお待ちしています。

開館時間は、午前9時〜午後4時30分。休館日は月曜日と年末年始。入館料大人300円、小中学生100円。「一葉祭」は11月23日を中心にその前後4日間で行っています。この日間は無料公開です。

一葉記念館

高尾太夫の墓

江戸のシンボル・江戸城と吉原。花魁居並ぶ吉原は美女3000人、不夜城といわれ、女の都の飛びかう嬌声、行きかう人生、金が物言う世の中を虚飾の包んで知らぬ顔、酸いも甘いも心得た通人文化の花が咲いたところでした。その新吉原の代表的名妓は高尾太夫で、この名を継承した遊女は11人あったといわれ、もっとも名高いのは二代目高尾太夫で世に『仙台高尾』とうたわれ数多くの伝説巷説を生んでいます。落語の〝高尾〟もこれで、容姿美しき中に品位高く、書道は一流、琴、三味線、生花、茶道を極めた名妓で、奥州仙台のお殿さま伊達綱宗とのロマンス。「忘れねば思い出さず候かしこ。君はいま駒形あたりほととぎす」の佳吟を綱宗に送った高尾太夫のうるわしい心情が偲ばれます。この高尾の墓は春慶院（東浅草2丁目）にあり、〝為転誉妙身信女〟その右に万治2年丑、左に12月5日、右面隅に「寒風にもろくもつくる紅葉かな」彼女の遺詠かすかに、浅草に現存する江戸の面影を残す、一代の佳人を偲ぶにふさわしい墓です。

台東区教育委員会
TOMB OF

待乳山《まつちやま》の聖天さま

落語に『今戸狐』という噺があります。その今戸に潮江院という初代三笑亭可楽の墓が発見されて、毎年4月3日に寄席の開祖でもある〝可楽忌〟が催されているのです。八代目可楽の門弟・三笑亭夢楽・笑三・写楽ほかが長屋の花見を兼ねて……と、その隣りに待乳山の聖天さまがおわす小高い丘があります。24ある浅草寺の支院のひとつなのです。

この本龍院（正式名）では、毎朝6時から浴油という祈祷が行われます。花まつりのお釈迦さまに甘茶をかけるように、仏さまを浴油させるのです。「人間の悩みや迷いや欲望は、限りがない。この固まったこだわりを新しい油で溶かしてリフレッシュさせよう」とて。

〝良いことはおかげさま、悪いことは身から出た錆〟ここは金力・精力の神として名高く、それに因んで巾着と大根を祀り、商売繁盛、良縁成就の願掛けで花柳界の信仰も高いのです。花川戸から、言問橋を通り、吉原への舟道でもありました。広重の描いた山の上からの角田川の眺めはいまでも江戸・東京の一幅の絵です。

桜橋とレガッタ

両岸の桜にちなんで命名された〝桜橋〟は、昭和60年完成、隅田川でもっとも新しい橋です。ただひとつの歩行者専用橋で、X字型をしています。この橋の下だけは護岸を削り、さらに岸を10ｍほど張り出したテラス式の堤防になっている隅田川の水を間近に見られる数少ない場所です。吾妻橋、言問橋の上流にあって、春には桜、夏は伝統ある早慶レガッタがファンの血を騒がせます。見どころは後半のデッドヒートで、この桜橋が最高の見物席です。桜橋の右側は言問団子が伝統の味を、また長命寺桜餅の店もあって、百花園ともども、十返舎一九《じっぺんしゃいっく》・蜀《しょく》山人《さんじん》の昔から句碑や狂歌でも、文人墨客に親しまれた昔を偲ばせます。左岸は今戸。素焼きの瓦焼きの職人たちが本業の間で始めた「今戸瓦焼き」が落語で有名な〝今戸焼き〟のサゲに登場する素朴な中に味のある温かさの焼き物です。キツネ・タヌキ・招き猫・福助のほか、豚の蚊やり・徳利と、ゴフンの下地塗りに彩色をした楽しい素焼きの「消えもの」。つまりこわすための歌舞伎の小道具など。

レガッタベンチ

隅田川七福神

吉祥・七福神巡りは日本各地にありますが、これは江戸時代におこったようです。

隅田川七福神も、浅草を愛した文人墨客によって生み出されて、以来170年民間信仰の対象として育まれ、いまに息づいています。その昔、徳川家康が天海大僧正にいわしめた七福『寿命・有福・人望・清廉・愛敬・威光・大量』を、神の姿にあてはめ、形に現すようになったのです。ちなみに隅田川七福神をご紹介しましょう。

大黒天（福徳財宝の神さまは三囲神社）恵比寿（商売の神さまニコニコと同居）布袋尊（おおらかで無垢な神は弘福寺）福禄寿（幸福長寿の神さまは向島百花園）寿老人（白い鬚をたくわえて白鬚神社）毘沙門（怒りの顔で悪を払う神は多聞寺）弁財天（水辺の女神は長命寺に祀られて）

福笑いに洒落た都々逸をひとつ。

〽七福神　男六人　女が一人
　だれが乗るやら　宝船（御慶）

隅田川七福神
弁財天
長命寺

七福神コース案内板

福禄寿尊

長命寺
弘福寺
三囲神社

第四章
浅草
食べ歩き散歩

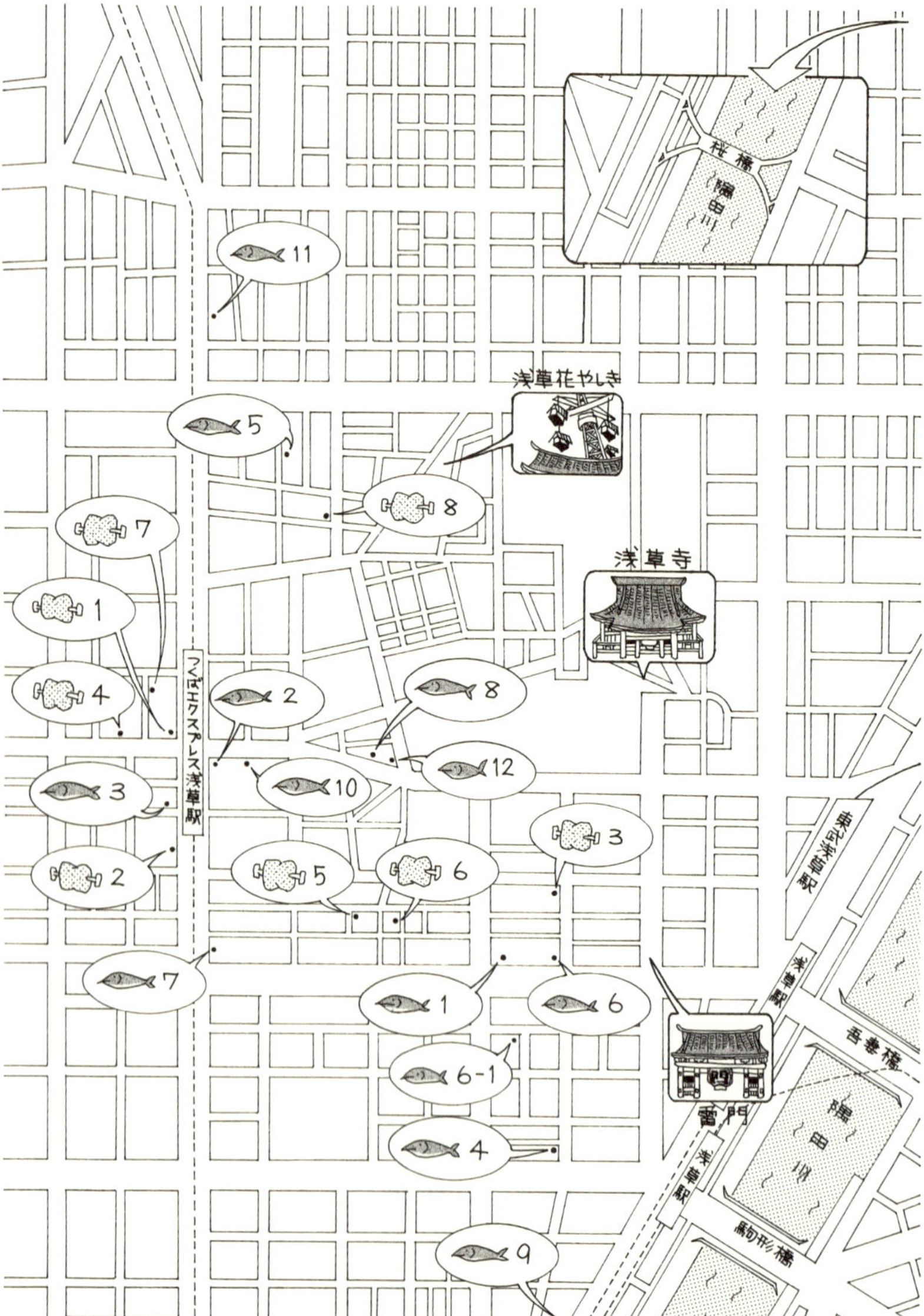
桜橋
隅田川
浅草花やしき
浅草寺
つくばエクスプレス浅草駅
東武浅草駅
浅草駅
吾妻橋
雷門
隅田川
浅草駅
駒形橋
11
5
8
7
1
4
2
8
12
10
3
3
2
5
6
7
1
6
6-1
4
9

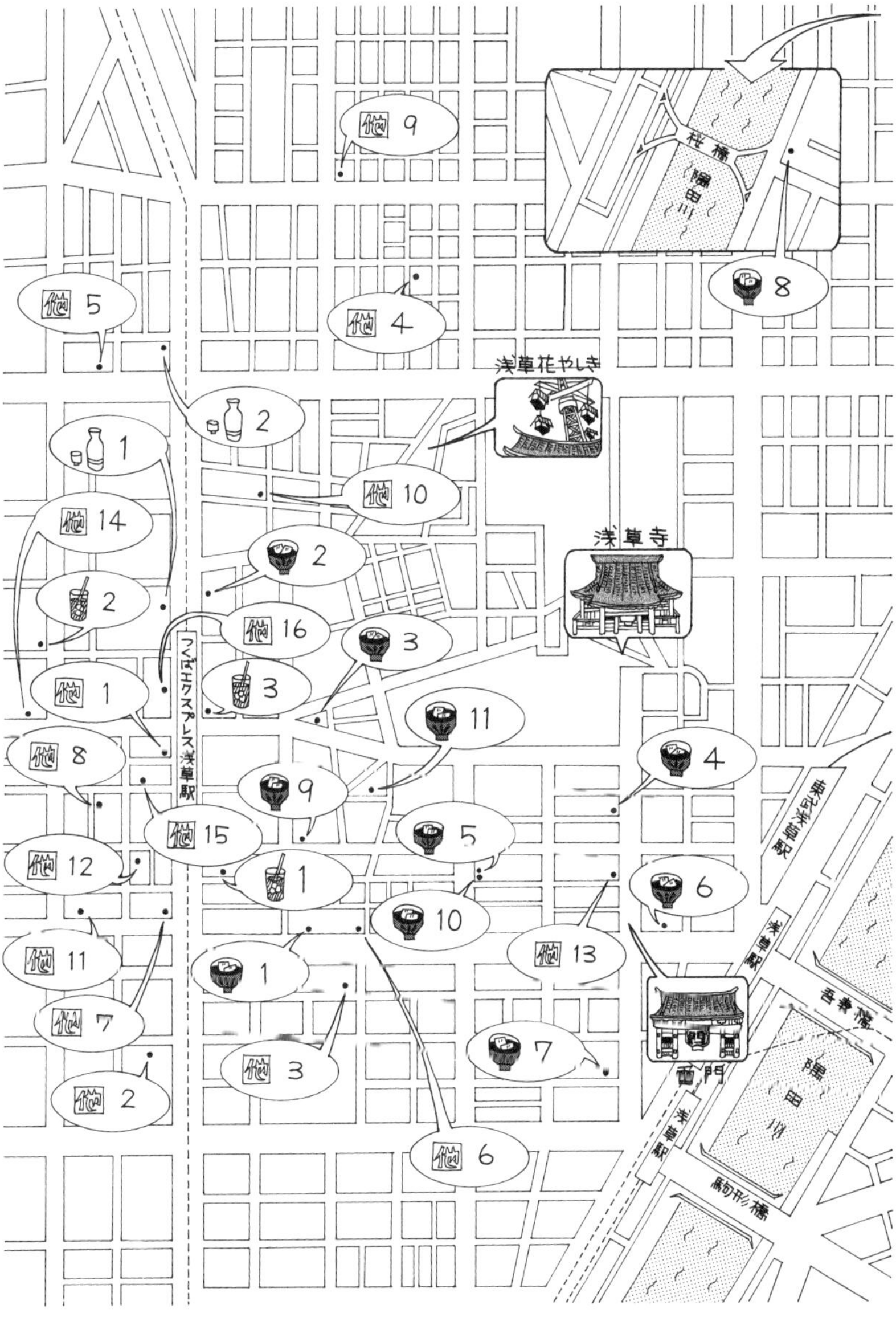
桜橋
隅田川
浅草花やしき
浅草寺
つくばエクスプレス浅草駅
東武浅草駅
浅草駅
吾妻橋
雷門
隅田川
浅草駅
駒形橋
他 9
他 5
他 4
他 10
他 14
他 16
他 1
他 8
他 15
他 12
他 11
他 7
他 2
他 3
他 13
他 6

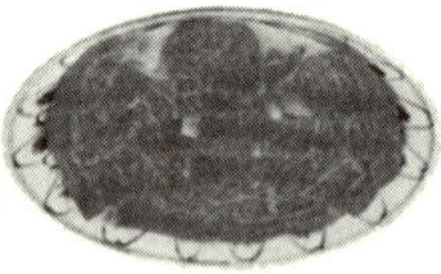

浅草今半

（牛鍋）肉1

東京都台東区西浅草三丁目一の十二
☎03・3841・1114

笑う門には福来たる。大いに笑ったあとの空腹は、演芸ホールを出て国際通りの向こう側、つくばエクスプレス出口の『浅草今半』へ。

大いにスタミナと栄養をつけて不景気を吹き飛ばしましょう!!　江戸時代は将軍家への献上品、養生の薬と言われ、創業明治28年、牛鍋屋として開業してから100有余年、黒毛和牛へのこだわりは創業以来のモットー、いまも浅草の味作りとして引き継がれております。極上霜降り・すき焼懐石。特選銘柄牛・しゃぶしゃぶ御膳。お昼のお献立として、明治すきやき丼、ステーキ丼、それぞれ1日限定20名様をご用意してお待ち申し上げております。純和風の店員がサービス満点のおもてなしで、お客さまをご接待致します。つくばエクスプレス浅草駅A2出口隣り。年中無休。午前11時30分〜午後9時30分。和室ご宴席もうけたまわります。ご予約はお早めに!!

吾妻

（すき焼き・釜めし・天ぷら）　肉2

東京都台東区浅草二丁目十四の十七

☎０３・３８４１・０１１７

国際通りＲＯＸビルの前、三平ストアの隣りにある『吾妻』は、創業以来変わらぬすき焼きと天ぷらの味と自慢の釜めしでお客さまのおいでをお待ちしております。とくに限定のメニューは、平日正午から2時半まで、五目釜めし・すき焼き丼・刺身定食・天ぷら定食とお得な逸品揃いです。いずれも味噌汁・新香つきで税込価格１０００円でサービスしております。なお、ご注文いただいてから炊き上げる自慢の釜めしは15分ほどお待ちください。大正7年国際劇場（ビューホテル）前で開店以来、戦後は現在のところに移転、三代目の経営者は田村智弘とて、昔ながらの雰囲気の中、2階にては25名さままでの宴会も畳席にてご予約をお待ちしています。ご注文により黒毛和牛すき焼きも当店のおすすめです。

　定休日は火曜日。つくばエクスプレス浅草駅より1分、地下鉄田原町駅より5分。東武・都営浅草駅より8分。

カツ吉（とんかつ）　肉3

東京都台東区浅草一丁目二二の十二
☎03・3841・2277

元祖味噌カツで有名な「カツ吉」は、とんかつ界の革命児。ご主人の柳澤勝（カツ）雄さんにより35年前の創業以来、オリジナルとんかつ、しそとんかつ、椎茸とんかつ、納豆とんかつ、餃子とんかつなど50種類のとんかつが食べられます。

食の安全と安心を追求するのはフランス料理出身のモットーで、100%食物油を使用することにより胃がもたれません。衣が薄く、パン粉が細かくて食べやすいのです。肉に味がついているのでソースはかけずにそのまま食べられます。なんと油の中に指を入れて揚げ頃の温度を測ることができるのは、主人の長年の経験によるコツ。中でも『餃子とんかつ』は21種類の食材を使った手間ひまかけた逸品。

定休日は毎週木曜日。営業時間は11時30分～14時40分&17時～21時。

なお、看板・メニューなどの文字は、橘流寄席文字の右之吉師匠。

軍鶏家《しゃもや》

肉4

東京都台東区西浅草三丁目三の三
牛久ビル1F
☎03・3847・3203

落語で笑ってお腹が空いたら、国際通りを渡ってまっすぐ、かっぱ橋通りの右側を1分、浅草『軍鶏家』でたっぷり召し上がってください。

軍鶏鍋・焼とり・長谷川平蔵御用達〝鬼平鍋〟。そして昼のサービスランチ（玉子2個・ご飯・香の物・薬膳烏骨鶏スープ）限定10食もどうぞ。飼うのがむずかしい、手間ひまのかかる原種の軍鶏を飼育しているのは、店主篠田克美（64）さん。うまさと栄養が一つの卵に凝縮しています。ストレスを与えない自然に近い環境で育てた軍鶏と烏骨鶏の玉子です。生命力にあふれ力強さと勢いが実感でき、放し飼いで土に接し十分に運動している農園の軍鶏は高品質の卵を産んでくれます。軍鶏の卵は長生き!!　食べたあなたも長生き!!

定休日・水曜。営業時間・午前11時30分〜午後2時。午後5時〜午後10時。

とんかつ割烹だんき

肉5

東京都台東区浅草一丁目一四の四
☎０３・３８４３・８４７７

浅草演芸ホールを出て右へ、すしや通りの入口角を左へ曲がってすぐのところにある〝軽いとんかつ〟を身上とする「とんかつ割烹だんき」のとんかつ。自慢のとんかつは栃木県那須の郡司牧場三元交配豚を選び、油を多く吸わないように目の細かいパン粉をまとわせ、良質な菜種油とラードをブレンドした油で揚げる。シンプルな料理ながら、豚肉本来のもつ旨味が十二分に引き出されたとんかつは、ぜいたくな気分にしてくれます。『たかがとんかつ、されどとんかつ』と思わずうなる！　夜はお酒ほか刺身ほか季節の一品料理も店主・東小川剛さんの腕が光ります。ロースとんかつ定食（1750円）脂も甘味があり、サラッとしつつ濃くない。アットホームな雰囲気。貸し切り、宴会にも対応します。定休日・毎週木曜日と毎月第3水曜日。営業時間平日11時30分〜15時。17時〜22時30分。土日祝日11時30〜22時。L・O21時。

とんかつ・ゆたか

肉6

東京都台東区浅草一丁目十五の九
☎03・3841・7433

浅草で一番古い道筋のたぬき通り商店会の中ほどに『とんかつ・ゆたか』が、和風のお店のムードでお客さまをお待ちしています。

ふっくらとつややかに揚げられたとんかつは口に含むと弾力に富み、適度に舌ざわりの良い脂がほど良い旨味となって、ご飯をすすめます。ヒレかつ・ロースかつ・車エビフライ・カニコロッケ・ポークソテー・ショウガ焼きと、これら単品にご飯とお味噌汁をつけると定食として、テーブルに運ばれます。一品料理には、焼き鳥・まぐろぬた・お刺身など季節の品もご用意しています。茶碗蒸し・土瓶蒸しとお飲み物も各種取り揃えて、お土産のヒレかつ弁当・ロースかつ弁当などもうけたまわっており、2階個室・宴会料理のご用意も整っています。営業時間は平日は11時30分～14時。夜の部・土、日、祝日のみ17時～20時30分。定休日は木曜日。

本とさや（炭火焼肉）　肉7

東京都台東区西浅草三丁目一の九
☎03・3845・0138

国際通り今半の店前を入り、最初の右横丁を入った右側に『炭火焼肉の本とさや』があります。年中無休で、土曜日12～26時、日、祭日12～25時、平日14～26時まで、お客さまのお越しをお待ちしております。浅草にある本物の焼き肉が味わえる焼き肉店です。もちろん宴会もうけたまわっております。本店でのライブは昨年11月で終わりました。今年からは2月17日（金）をスタートとして「菊水通り」に「SBホール」を借りて毎月、本格的なバンドライブを行っています。1階には備長炭を使用した七輪。2、3階には無煙ロースターをご用意しております。宴会、二次会、歓送迎会の際はぜひご利用ください。〝焼き肉もロックも強火が一番〟本とさや三浦社長のロックバンド「浅草THEとさや85」のオフィシャルサイトもあります。つくばエクスプレス浅草駅A2出口より徒歩1分。別館・03・3843・1129。

すき焼の米久

米久（牛鍋・すき焼き）　肉8

東京都台東区浅草二丁目十七の一〇
☎03・3841・6416

牛鍋の『米久』は、浅草の顔です。酉の市などには300人は入る大きな座敷が、牛鍋の香りと人いきれでいっぱいになります。幕末、横浜が開港して牛肉を食べる習慣が日本に入ってきて、明治19年、滋賀県で米屋をやっていた久次という商人が、近江牛3頭を連れて入京、浅草の〝ひさご通り〟の現在のところに牛鍋屋を開店したのが「米久」のはじまりです。

〝ざく・新香・玉子つき、1円〟というキャッチフレーズは、昭和のひとケタ生まれ以上のお客さまは、目にしたことがあるでしょう。現在に換算すると3000円くらいになるか。

大正時代に入ってからは、浅草寺の参詣客と吉原遊廓の賑いとともに大繁盛。通りには〝米久通り〟と名づけられた店は、戦争中強制疎開で整理され、戦後、平屋建ての店で再開され、いまの2階建ての店に改築したのです。水曜定休日。

葵丸進（天ぷら）　魚1

東京都台東区浅草一丁目四の四
☎03・3841・0110

浅草・葵丸進

創業66年、浅草寺の門前通りとして発達した雷門通りの中央にある天ぷら〝葵丸進〞は、各「浅草駅」から徒歩5分のところにあります。江戸前の風味豊かな天ぷらは「えび」や「きす」「あなご」など新鮮な魚が中心で、ネタは活きのいい近海物の魚介類。昔ながらの大ごろもで、衣はサックリ、中はフンワリ、辛口の天つゆと美味です。また、当店の入口ではお土産用の野菜・かき揚げなどもお手ごろ料金でご用意しております。

おすすめの天ぷら松コースは、先付・お椀・向付・天ぷら盛り合わせ・芝海老小かき揚げ・お食事・水菓子と、天然天ダネの味をご賞味ください。商談やおもてなし、大人数でのご宴会やクラス会などにもどうぞ。お料理も趣向を凝らした宴会料理、旬味会席をご用意致しております。小宴会から、40名さままで人数に合わせてお部屋をご用意できます。

営業時間は、午前11時～午後8時。

浅草うな鐵　魚2

東京都台東区浅草一の四三の七
☎03・3841・1366

この演芸ホールのすぐ裏、国際通りの角にある『うな鐵』は、鰻の本当の美味しさを楽しめる店です。「元気は鰻、鰻は元気」をモットーに、毎日、新鮮で元気な活鰻を割き、その日に売り切ります。

浅草に鰻やは数多くあれど、鰻を丸ごと料理するのは当店だけ。蒲焼きはもちろん、頭、肝、骨、背びれに至るまで調理ひとつで美味しくなります。東京で初めて出した「浅草ひつまぶし」は美味しさを三度楽しめると大変好評をいただいております。さらに世界オンリーワンの「塩ひつまぶし」も大人気商品、いずれも登録商標です。これからも良い商品、良いサービスをめざし精進しております。営業時間、午前11・30〜22・30。定休日は第2火曜日。

あな太朗（あなご）　魚3

東京都台東区西浅草二丁目二六の一
☎03・5828・3132

浅草演芸ホールを出て、国際通りを渡ったところを左へ、最初の横丁を右へ入ってすぐ赤い大きな旗の『あなご』の店あな太朗では、毎日新鮮な活《いき》あなごを提供しています。九州大分料理のあなご料理を、大将宮良洋成《みやながひろしげ》さんが大分出身の素晴らしい腕前でお客さまのお越しをお待ちしているのです。脂がのってコリコリのあなご刺身、秘伝のタレの蒲焼き、あなごの白焼き・柳川鍋、さらにお寿司としては生あなごにぎり・豊後牛あぶりにぎり・どんこ太巻きなどなど、コースでも格安にお客さまの要望に応えています。

定休日は月曜日。ランチタイムは11時30分から14時30分まで。つくばエクスプレス浅草駅から徒歩1分。

色川《いろかわ》（うなぎ）　魚4

東京都台東区浅草雷門二丁目六の十一
☎03・3844・1187

うなぎと言えば、何と言っても脂を落としながら、しょう油が焦げる香ばしい匂いの煙りにいぶされ、口にくわえた威勢のいい団扇の音と、静かに燃える備長炭です。下町は浅草旨いもん、時代が変わっても、頑固一徹江戸っ子が作るこだわりの味、祭り好きが一日でわかる『色川』のご主人。「お客さまが一生懸命働いて食べに来てくれるんだから、それだけのうなぎの味をださなくっちゃぁ」とキモに銘じているのはうれしいネ。生粋の江戸っ子六代目の主人は子どもの頃から身についたうなぎ屋商売。店の中のお客さまの入りと同じ、いっぱい詰まったお重にもご飯の上のうなぎはシャキシャキと焼き上がって、ふわっとした雰囲気の味。先代鈴々舎馬風師匠とは、姓も同じ『色川』浅草雷門の前を入った2丁目。日曜&祝日が休みなのは残念だが、都営浅草線の浅草駅から目と鼻の歩いて1分。売り切れると閉店。

おかべ

（魚料理）　魚５

東京都台東区浅草二丁目二一の三

☎０３・３８４１・６５１８

浅草・おかべ

国際通りを右へ、言問通りへ向かって歩いて行くと〝助六の宿・貞千代〟という大きな看板のある店の前が、魚料理『おかべ』です。昭和28年創業、主人の岡部孝さんは「浅草では、安くて美味しくなければいけません」と、夏に人気の蟹料理・味噌ちゃんこ・ちゃんこセットも３０００円から、どじょう唐揚５００円、つくね４００円など、２時間飲み放題のコース料理も３０００円。店は下町らしい雰囲気のある一軒家で、１階にはほりごたつ席20席、小座敷５席、カウンター席６席、２階は座敷18席の広さです。「菊正宗」の生樽酒、「八海山」と10銘柄以上の日本酒も揃っています。

営業時間は17時～24時。日曜は12時～24時。定休日は火曜日。

川松（鰻・日本料理）

本店魚6　別館魚6−1
（本店）東京都台東区浅草一丁目四の一
☎03・3841・1234
（別館）東京都台東区雷門二丁目一五の七
☎03・3841・2345

明治の初期、浅草雷門通りに川魚料理店として創業以来１００有余年。今日では伝統のうなぎ蒲焼きをはじめ、季節の会席料理をお楽しみいただいています。

浅草仲見世の入り口、雷門大提灯から10軒目。明るい店内はテーブル席が中心の、親しみやすい雰囲気の『本店川松』。ご家族連れや女性の集まりなどで下町らしい活気にあふれています。

なお、表紙絵の『別館川松』は、本店のすぐ前スーパーの通りを入ったところに、これまた新しい感覚を取り入れた味菜膳、さらに一品料理など、川松ならではの美味しさが豊富に揃っております。

浅草って、川松って。静かでゆったりとした雰囲気のお部屋（イス席）で、大切なお客さまのおもてなしや、ご商談、ご法事などにもご利用いただいております。定休日・毎週月曜日。平日11時30分〜休憩時間あり21時営業。日・祭は本店20時。別館は17時まで。

元祖・八ツ目鰻　魚7

東京都台東区浅草一丁目一〇の四
☎03・3845・4391

土用の丑の日に〝うなぎ〟を食べる習慣は、平賀源内先生の夏バテにスタミナをというPRからはじまったそうですが。浅草田原町の角にある『元祖・八ツ目鰻』の店、これを蒲焼きにして食堂を開いたのは大正14年。八ツ目があるように見えるが、七ツはエラ穴で、しかし普通のうなぎと違ってビタミンAが5倍もあってトリ目に非常によく効く薬と言ってもいいとか。何しろ吉原への道筋で「八ツ目を食べると精がつく」と口コミで評判になり「くり込む前にひとつ食べていくか」てナことで、浅草名物になりました。結核が重病とされた時代には貴重な栄養源で、薬としても八ツ目食堂は大いに栄えました。バターの5倍以上、鰊《にしん》や鮭の30倍以上のビタミンAがあると栄養学界の権威、藤巻博士の研究でその他いろいろな有効成分があげられ今日に至っています。

くじらの店・捕鯨船

（くじら料理）　魚8
東京都台東区浅草二丁目四の三
☎03・3844・9114

浅草演芸ホールの真ん前「六区通り」を歩いて20秒、左手に通いたくなる浅草の名物酒場〝くじらの店・捕鯨船〟があります。店主はくじらのオヤジ河野通夫さん。デン助劇団の一員として大活躍した人情味のあるこのお店には、若手から有名人まで落語の春風亭小柳枝・ビートたけしなど芸人が多く常連客として賑っています。店内は壁一面に芸人連のサインやイラストでいっぱい。大きな鍋の牛煮込み（600円）以外はくじら料理専門。皮とさしみのミックスを、ワサビ・ショウガ・ニンニクの醤油ミックスでいただくのがおすすめです。

つくばエクスプレス線「浅草」駅より徒歩2分。営業平日午後5時～10時、土・日午後4時～10時。定休日は木曜日。席数カウンター15席、座敷10名。

駒形どぜう（どじょう鍋）魚9

東京都台東区駒形一丁目七の十二
☎03・3842・4001

　ほんとうは、紺地に白字で粋に染め上げたのれんが冬場なのだが、夏場の白地に紺字で描きました。何となく春が近い『どじょう』でなくて『どぜう』にしたかったからです。歌舞伎の外題が奇数なのにあやかって、〝どぢゃう〟と書かずに縁起を担いで〝どぜう〟の三文字にこだわったとか。

　橋のたもとにある駒形堂に因んで名づけられ、昭和2年に現在の駒形橋ができるまでは渡し舟で、昔、江戸っ子は「コマカタ」と濁らずに発音したそうです。

　浅草随一の老舗。ここのどぜうはお酒を飲ませて煮込んであるせいか、ぬめりも臭みもなくどなたにも安心していただけるあっさり味で、広く古めかしい座敷に細長い板が敷いてあって、これがテーブル代わりで江戸時代にタイムスリップします。どぜう鍋を注文すると炭火の火鉢にフッフッ……。下足札に年中無休が気に入って、夜9時オーダーストップ。

すしざんまい（江戸前）

魚10

東京都台東区浅草一丁目四三の九
MTビル1F・2F
☎03・3844・7790

浅草演芸ホールで江戸前の落語をたっぷり目と耳で味わったあとは、江戸前の味を心ゆくまで舌で楽しんでいただきます。背中合わせのすぐお隣り、『すしざんまい』のお店にお立ち寄りください。冬の味、つきじ喜代村は、その日築地に入荷した新鮮な魚介類を厳選して仕入れております。特にいま話題の健康食材「まぐろ」には、特別のこだわりを持っており、店主自ら長年鍛えた目利きでまぐろを一本まるごと仕入れ、より安く、より新鮮なまぐろを提供いたします。江戸から東京へと……日本の食文化を支え創り上げてきたところ、それが魚河岸「築地」です。

回転寿司でなく、板前が目の前で握っております。営業時間、平日祝日午前11時～午前7時。土日午前10時～午前7時。

佃煮の"鮒金"

佃煮の鮒金（川魚）　魚11

東京都台東区浅草三丁目十三の三
☎03・3872・2701

昭和の初め、千住に「鮒金」という佃煮・川魚の店（創業は明治期）があって、年中店先でうなぎやどじょうやフナを調理していました。

その歴史・流れを継ぐ店が、国際通りを三の輪の方へ向かって言問通りを渡った右手に江戸情緒を醸し出す看板・提灯でのれんを守り続ける「佃煮処浅草鮒金」です。

佃島で作られたから、材料は海からとれるものばかりで佃煮という名がつけられたというが、東京では、この「鮒金」、浅草橋の「鮒佐」は淡水、つまり川魚を主とした佃煮屋で、目玉はフナの寿々め焼き。

形がスズメに似ているので、洒落てつけられた名です。小さなフナを5、6匹並べて頭を刺して、〝イカダ刺し〟。それにフナの甘露煮、おせち料理には欠かせません。「鮒金」では淡水物のほか、昆布、あさり、小女子などの海物、しいたけ、ふきなどの野菜物の味も楽しめます。

天健

（天ぷら）　魚12

東京都台東区浅草二丁目四の一
☎03・3841・5519

浅草演芸ホールのすぐ前「浅草六区通り」燈籠の立っているわずか100mの商店街を歩いて行くと、浅草を育て浅草を愛した文人・芸人の写真と名跡を残してあるその角に『天婦羅の天健』が、お客さまのおいでをお待ちしています。店へ入るとごま油の香りが江戸風に包みます。魚は毎朝築地から仕入れる天然もの、カラッと揚がったキツネ色の天ぷらは見ただけでも美味しそう。カウンターで揚げ立てを食べると最高。この店の三代目吉田栄吉さん（75歳）は、イカ・エビ・貝柱・三つ葉と旬の天ぷら大特集とて、テレビの土曜スペシャルでもハッスルして人気者。特にお客さまにおすすめするのが、雷さまの持っている太鼓のように大きなかき揚げ、カウンター席でかき揚げ丼や定食を食べると抜群!!　おつまみ単品もどうぞ。定休日は月曜日。祝祭日の時は翌日。営業時間は午前11時～午後8時（L・O7時30分）。

浅草・MJ（もんじゃ）他1

東京都台東区西浅草二丁目二七の十一
富士楼ビル1F
☎03・5830・3986

浅草はもんじゃ発祥の地と言われています。浅草ＭＪは王道を守りながら正しくもんじゃを進化させました。かならず2人以上で。４人以上で来ることをおすすめします。楽しんでいってください。大きな真っ白い文字看板のある「浅草・ＭＪ」は、浅草演芸ホールを出て国際通りを渡った正面に、あなたのおいでをお待ちしています。店頭では〝甘栗〟の販売もしています。営業時間は午後5時から11時まで。年中無休です。お品書きは美味しいメニューのご紹介。一度食べたらやみつき。当店のもんじゃはボリュームたっぷり、11種類の具材とブレンドした魚粉を使った絶品。鉄板蒸し餃子は４４０円とほかでは味わえないオリジナルな一品。ステーキコース料理は絶品!!広い店内のほかお座敷もあるので小さなお子さま連れも安心です。店長・高橋は一度食べたらやみつきとＭＪ（もんじゃ）をぜひどうぞ!!

Ａｍｅｔｓ

（スペイン家庭料理）　他2
東京都台東区西浅草一丁目一の十二
藤田ビル1F
☎03・3841・3022

浅草行地下鉄田原町駅下車、国際通りを真っすぐ最初の1本目の道を左へ入ってすぐ、スペイン料理の店Ａｍｅｔｓがあります。バスク語で〝夢〟というムードの店はスペインの家庭料理パエリア（お米料理）を原点に、親しみやすい味を日本に紹介したいと5年半、スペイン料理を研究して帰国したシェフ服部公一さんの若さあふれるお店です。

日本と同じコーロッパ随一の米の国だからこそ、平らな皿のような鉄製の浅鍋で米とともに魚や肉を炊き込むパエリア、日本の釜めしとは違ったオリーブオイルで炊き上げた独特の味わいが魅力なのです。炊き込みご飯の海と山との素材料理は食通の好みでしょう。三つ星レストランが多くあるバスクは世界中のシェフたちが注目する地で、そのバスクの味をＡｍｅｔｓではいつでもご用意しています。定休日は月曜日。営業時間、昼12時～2時30分。夜5時30分～9時30分。

一松（料亭）　他3

東京都台東区雷門一丁目十五の一
☎03・3841・0333

　八代目三笑亭可楽の十八番で、『青菜』という噺があります。ひと仕事終えた植木屋が、その家の主人とかわす会話に、庭の風情が出てきます。柳影（直酒）という酒を鯉のあらいでご馳走になりながらかわす会話が、この茶寮〝一松〟の庭そっくり。下町・浅草で由緒ある料亭の数寄屋造りのお屋敷で、このお庭を眺めながら、旬の素材に舌鼓を打つのもたまにはいかがですか？　一期一会とて、出逢う縁を喜びに、もてなす心は茶道の教え、門から続く石畳、木々の緑と池の鯉、冠婚葬祭ご会食、すべての集いを日本の粋で包みます。
　なお、女将・山口清子さんの、この一松の美食膳にも勝るとも劣らない美人のおもてなしも天下一品なのはうれしいではありませんか。江戸時代のムードでお待ちしています。初代松本清一の名を残す〝一松〟昭和34年創業。雷門通り田原町方向左入る。

おかめ（小料理）他4

東京都台東区浅草三丁目二〇の八
☎03・3875・6925

落語の醍醐味にひたって、浅草演芸ホールを出てすぐ左へ真っすぐ、ひさご通りを入ったところに、数少ないレトロな浅草の良さを満喫できるお店があるのです。三味・太鼓・笛の音、浅草芸妓のさざめく、江戸の色香を漂わせている柳通りに小料理の『おかめ』が、割烹着姿でおかみと娘さんでお待ちしています。木の香も新しい、清潔な店内に、美味なるおでんの大きな鍋いっぱいの味覚は、日本酒を一層引き立てます。

暑い夏でも和服で割烹着のおかみは、大正ロマン、昭和レトロの情緒たっぷりのムードです。呑み処・喰い処・おつまみいろいろのくつろげる店内は、食通のための浅草の真心を伝えるものと、おかみの自慢です。何より大衆料金が魅力で、お客さまのイメージにリニューアルしています。

定休日・日曜&祭日。営業は午後6時30分～12時。

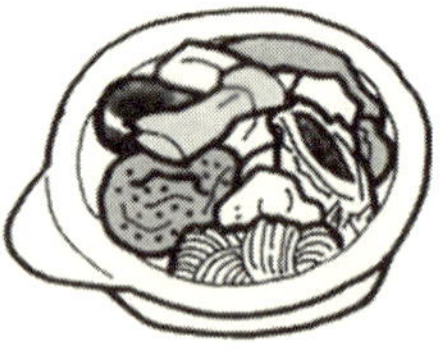

大多福（おでん）他5

東京都台東区千東一丁目六の二
☎03・3871・2521

大きな提灯が目印のユニークなおでん屋。週末ともなればオープンと同時に満席となる、浅草でも指折りの超人気店なのです。大正4年に大阪千日前から浅草に店を移して以来、多くのお客さまに愛され続けているおでん屋。現在、主人は四代目の船大工安行さん。その長男、栄さんは五代目になります。大きな銅鍋に彩り良く並んだおでん種は、常時38種。1日に多い時は100個も出るという人気の大根は、3日間かけて、弱火でコトコト煮込み、味をゆっくり染み込ませていくのです。煮崩れせず、中心まできれいに飴色に仕上げるのがコツだが、表面はツルリと美しく、味が染み込んだ大根はワンダフルというほかありません。焼き豆腐も根強い人気。

都バス停西浅草3丁目前。つくばエクスプレス浅草駅より歩いて5分。午後5時～11時。毎月曜日休業（3月～10月、11月～2月は年末年始を除いて無休）。

そばの尾張屋

尾張屋（そば）他6

東京都台東区浅草一丁目七の一
☎03・3845・4500
尾張屋支店　浅草一丁目一の三
☎03・3841・8780

芸術院会員・文化勲章の永井荷風先生がこよなく愛したそば処、雷門から田原町方面へ歩いて2、3分、右側に〝尾張屋〟の看板が目に入ります。創業は明治3年、いま伝統の味があなたの目の前に……と、毎日12時になると飄々として現れ、同じ椅子で同じかしわ南ばんを黙々として、同じ舌鼓を打ちました。伝統ある店だが入りやすくて、従業員も下町風のサービス満点の店。あなたも文豪と同じ舌鼓を打ちにいらっしゃいませんか？

　コシのあるそばと、ふんぞり返っている大きな天ぷらも、これがほんとうの『浅草の味』と、お待ちしております。店の格子戸がガラッと開くたびに、下町の人の温かさが心に染みる店。1999年逝ったそば屋の倅だった三遊亭小円馬も、ここの店にしか立ち寄らなかったという。荷風先生を気取って寄席帰りに召し上がるのもオツなものです。本店は金曜日定休。

我房 (日本料理) 他7

東京都台東区西浅草二丁目一の十二
☎03・3845・8853

浅草国際通り、地下鉄銀座線「田原町」駅よりビューホテル方向へ歩いて3分。左側、宮本太鼓店隣りが浅草『我房』です。旬の食材を揃え、それを活かす板前の技、四季折々のご当地ならではの旬の食材を産地直送。ひと品、ひと品を大切に調理し、お値打ち価格でおもてなしさせていただきます。演芸ホールからも歩いて3分、落語をお楽しみになったあとのお客さまのご来店をスタッフ一同、心よりお待ち申し上げております。個室、多人数のご来店も対応できる落ち着いた店内で安らぎのひと時を。薩摩大使が選んだ限定焼酎や、本格焼酎各種日本酒も勢揃いしております。

厳選された産地直送の地魚と、旬の素材が織りなす四季折々の膳。素材にこだわり、味にこだわり、品格と伝統の技で、妥協を許さない板前の心意気が日本料理の極みを彩ります。定休日は日曜日と第2、第4木曜日。祝・祭日は営業。ランチ午前11時30分~午後2時。夜午後5時30分~午後10時。

ストロバヤ

（ロシア風フランス料理）　他8

東京都台東区西浅草二丁目十五の八

☎０３・３８４１・９０２５

浅草演芸ホールを出て、国際通りを渡り、どぜう飯田屋の前通りを左へ入ってすぐ右に曲がると、ロシア風フランス料理の『ストロバヤ』のお店がお客さまをお待ちしています。

隠れ家レストランとして落ち着いた空間に完全禁煙、34席、宴会も可です。個室もあります。１９７７年（35年前）開店の多くの方がおすすめする、友人・同僚&家族、お子さま連れにもくつろげるサービス満点のムードです。

昼は11時30分から2時、２０００円から３０００円のコース。ボルシチスープ・魚料理または肉料理・サラダ・パンorライス・コーヒーまたはロシア紅茶。夜は5時から9時、５０００円からのご予算で絶品のコースがお召し上がりいただけます。

定休日は木曜日。祝日の場合は翌日と第3金曜日です。地下鉄銀座線田原町駅より5分、つくば浅草駅より1分。

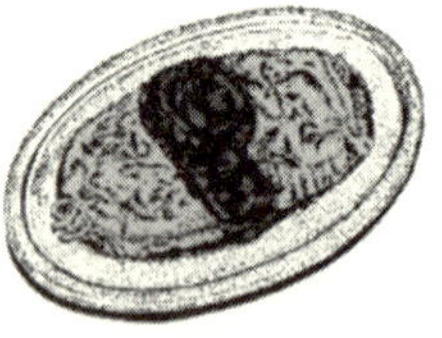

デンキヤホール

（オムマキ）　他９

東京都台東区浅草四丁目二〇の三

☎０３・３８７５・２９８７

浅草六区から言問通りを渡り千束のバス通りを行くと右手に『デンキヤホール』の大きな看板が目に入ります。深蒸しでコシのある麺を、玉子でふっくら包んでケチャップをかけて、見た目はオムレツだが中は焼きそば。元祖「オムマキ」の誕生。三代前の主の杉平寅造が日露戦争から帰国して、気の向くまま、諸国漫遊の旅に出て食いだおれの街、浪花で妙な食べものにぶつかったのです。ジュウジュウとへらを両手に玉子とキャベツとメリケン粉で闘っているのを見て「あ、これを浅草へ!!」と、家業の電気屋をそっちのけ、浪花グルメの研究の末でき上がったのがこの「オムマキ」とて、６５０円で腹いっぱい。またこの店にはもうひとつの名物が十勝大納言の「ゆであずき」。レトロな縦長のグラスがこれまた大正時代にタイムスリップして昔味で真似のできない風味が舌をくすぐります。定休日は、水曜日。

ピッツェリア・FUKUHIRO

（石釜ピッツァ）　他10
東京都台東区浅草二丁目一八の一〇
☎０３・３８４１・４８９６

東京新名所スカイツリーや、浅草寺・演芸ホールなど観光のあとは浅草ビューホテル近くの『ピッツェリア・ＦＵＫＵＨＩＲＯ』へおいでください。ナポリのピッツァを夜遅くでも食べられるからです。夜、1時まで営業しています。併設のワインバーでのお食事も可能です。カップルでも、家族でも楽しめるテーブル席は17席。総席数24席。マスターはワインの給仕を担当してもいます。ワインの貯蔵庫もあります。もちろん、英語メニューも。豊富な前菜と天然酵母の石釜ピッツァをぜひ味わってください。ランチ１４００円、宴会平均３５００円。

つくばエクスプレス浅草駅、徒歩３分。営業時間・火～金18時～1時。土日12時～15時・18時～24時。定休日・月曜。

風流お好み焼き・染太郎（お好み焼き）　他11

東京都台東区浅草二丁目二の二
☎03・3844・9502

『ひるは夢　夜はまこと』怪奇な世界を描いて、浅草の見世物を探偵小説に取り入れ、数々の名作を残した江戸川乱歩。〝如何なる星の下に〟の高見順。そしてフランス座時代の渥美清や現在では住吉踊りの志ん朝と、作家や芸能人がこよなく出入りをした〝お好み焼きの染太郎〟。『鉄板に手をつきてヤケドせざりき男もあり・坂口安吾』も、この〝染太郎〟に居候して小説を書いたそうです。昭和10年頃、芸人横丁だったこの田島町に、漫才師の林家染太郎の奥さんだった崎本はるさんがはじめた店なのです。店名をつけたのは高見順。浅草生まれの作家、野一色幹夫がバラ座の女優だった寿枝夫人と結ばれたのは敗戦後の混乱期。この〝染太郎〟で焼酎をガブ飲みして向かいの旅館で、その日が結婚記念日になったとか。水上勉や大島渚など有名人の色紙がずらり並んでいます。営業時間12時～22時30分。ラストオーダー22時。

フォカッチャ

（手づくりピザ）　他12

東京都台東区西浅草二丁目十二の七

☎03・5828・5596

浅草演芸ホールの並び、ROXビルのところ、国際通りの信号を渡って、寿司屋の横を真っすぐ行くと八幡神社の前に、焼き立てのピザの店名『フォカッチャ』があります。開店20年のキャリアの店長小野清隆さんの焼きあげるローマ風の香ばしい薄焼きピザがお客さまにうけています。

火曜日から金曜日までのランチメニュー1000円と、ローマランチのスペシャルも1600円とお得感いっぱい。

17時から22時までは単品メニューとワインのムードです。オステリア（居酒屋）イタリアーノ風の店内はご機嫌。

おすすめは自慢の4種類のチーズのせピザと魚介風味豊かな海鮮ピザです。どれもスパゲティとともに逸品です。

地下鉄銀座線・田原町駅より5分、つくばエクスプレス浅草駅より1分。定休日は月曜日。

フジキッチン（シチュー）

他13

東京都台東区浅草一丁目二〇の十二
☎０３・３８４１・６５３１

観音さまの参道、仲見世の左側の裏通り、雷門に近いところにシチューの店『フジキッチン』があります。大きな看板が、お客さまのおいでをお待ちしています。

グルメサイトの食べログとして、戦後洋食の店を開店、現在のところに移ったのは昭和46年シチューの店としてハンバーグ・カニ・車海老の単品から、ビーフシチュー＆タンシチューまで、野菜サラダもともにご注文に応えています。その昔は、古川ロッパや永井荷風・水島道太郎・島田正吾など芸能人もよくみえたそうで、その味覚をいま、谷村新司さんもエッセイの本に書いています。笑ったあとのスタミナ補給に、お友だちやご家族お揃いでぜひお立ち寄りください。営業時間は、月曜～土曜・11時30分～14時30（ＬＯ）、17時30分～19時30分（ＬＯ）。定休日は、火曜、水曜日（祝日の時は営業することもあります）。

萬藤《まんとう》（かっぱラーメン）　他14

東京都台東区西浅草三丁目五の二

☎０３・３８４４・１２２０

『かっぱ橋』と言えば道具街、道具街と言えばかっぱ橋。明治から大正にかけてまだ合羽橋が存在していた頃、大正9年創業の〝萬藤〟のお店は、関東大震災後からいまに至るまで、かっぱ橋から浅草寺や浅草六区興行街を行きかう人びとを見守り続けてきました。

　かっぱラーメンは「萬藤の大将」と呼ばれた蔀《しとみ》一義さんが、全国津々浦々を歩き、実際に食べてみて厳選して仕入れた食材なのです。現在はその娘の植松美恵子さんが、乾物はお袋の味の原点、乾燥することによって栄養素が濃縮されたり、美味しさが加わるのだと、店内には懐かしい菓子や乾物が楽しげに並んでいます。食品のほか、丈夫で履き心地の良い竹皮ぞうり、「かっぱ飴」オリジナル手作り「かっぱちゃんストラップ」も好評です。

　定休日は、日曜・祝日・土曜日。取り扱い品目、約３５０種。

来集軒 （ラーメン） 他15

東京都台東区西浅草二丁目二六の三
☎03・3844・7409

浅草演芸ホールを出て国際通りを渡り、左手のバス停の前の横丁を入った右側に『来集軒』がお客さまのおいでを黄色い看板が、来来《らいらい》とお待ちしています。

戦後昭和25年からかっぱ橋通りに開店、現在のところに移って24年。ラーメン一筋に、手もみラーメンとしての〝ちりめんそば〟の味覚を守りつづけているのです。なお、ラーメン通の常連の芸能人のサイン色紙が店内いっぱいに飾られています。これを見るだけでも、ラーメンの味だけでなく、魅覚タップリ!! 笑点でお馴染み木久蔵ラーメンの木久扇さんから、こぶ平の正蔵・金馬・米丸、稀勢の里から若の里の力士まで。「味の証明」とサイン入り作家の森村誠一など。

また、ラーメンだけでなく当店自慢の「シュウマイ」のお土産、その他麺類も盛りだくさんのご奉仕価格です。営業時間は午後12時〜19時。定休日は火曜日。

龍圓（中華料理）　他16

東京都台東区西浅草三丁目一の九
☎03・3844・2581

中華料理なら、スープが決め手のラーメンからチャーハンと、そのコクと切れ味をお試しください。古典落語の醍醐味よろしく、国際通りの『龍圓』が、お待ちしています。つくばエクスプレス浅草駅のA2出口から5軒隣り、すべての料理を素材選びに妥協することなく、手間を惜しまずに自家製しています。お値段と雰囲気は庶民的でも、内容は一級を目指している渾身の料理と麺を堪能してください。浅草生まれの浅草育ち、厨師栖《す》原《はら》一之さんは、都内中国料理店で修業、1993年花川戸に独立開店、1998年ビューホテルの傍、現在地に移転。

完全自家製の上湯麺・上湯炒飯はスープが決め手の味の良さ、強力なバーナーで瞬時に仕上げたチャーハンに、スープでお茶漬け風に味の変化をお楽しみください。2階は宴会ダイニング。忘年会・新年会のご予約もどうぞ!!　定休日は月曜日。営業時間は12時から21時。

浅草いづ美（甘味）　甘味1

東京都台東区浅草一丁目八の六
☎03・5806・1620

雷門通りの中ほど、浅草1丁目にある甘味〝いづ美〟は開店14年。挿絵会の重鎮田代光先生直筆の屋号が、入口に額となって店名とてかかげてあります。馬道の料亭「今泉」の泉からつけられた、生まれも育ちも浅草のおかみさん、今泉珠江さんが令息克さんと甘いもの一筋に、お客さまをお待ちしています。甘くない甘いもの屋がモットーで、夏はあんみつ豆と氷、冬はお志るこで品良くまろやかにお客さまの味覚にお応えしているのです。豆かんてんは皮をつぶさずに柔らかく仕上げるのは、なかなかできない技、これがコクのある黒みつと相まって独特の風味満点。「当店では品質保持のため、ご注文をいただいてからお作りしています。少々お時間がかかる場合がございます。ご了承ください。店主」と貼ってあります。

無休。営業時間午前11時30分～午後6時。

浅草浪花家

（たいやき茶房）　甘味2

東京都台東区浅草二丁目十二の四

☎03・3842・0986

ビューホテルの国際通りをはさんだ真ん中にある『浅草浪花家』にぜひお立ち寄りください。

　一丁焼きたいやき茶房として、元祖たいやき麻布十番浪花家総本店からの、のれん分けの店、浅草浪花家です。たいやきのあんこは銅のお釜で8時間じっくり炊き、手で練り上げ豆のうまみを最大限に引き出しました。そのあんこを強火でカリッと薄皮で一枚一枚焼き上げます。なお、広い店内の茶房では、たいやき、甘味と一緒に茶葉は日本茶インストラクターが、コーヒーは国際大会審査員が、もっともあんこに合うと選んだ香り高いエチオピアブレンドをお出ししています。また、田舎しるこ・かき氷・ところてん・いそべもち・あんみつ・豆かん・クリームあんみつもご用意して、みなさまのご来店を心よりお待ちしております。たいやき娘の看板絵は宇野亜喜良先生のものです。定休日は第3週火曜日。

イシイの甘栗

（甘栗）甘味3
東京都台東区浅草二丁目四の六
☎03・5828・0622

浅草六区通りの入り口（演芸ホール前）『イシイの甘栗』へどうぞ!! 下町で愛されて57年、そのおいしさの秘密は？
当店は焼きたてのおいしさにこだわります。工場で大型の自動釜を使い、集中的に加工すればコストは下がりますが、イシイはすべて店内の釜を使用した焼き立て即完売です。小型の釜で熟練の店員が何回も味見をしながら、じっくり焼き上げます。さらに割れ栗、傷栗、穴栗など肉眼で徹底的に選別。甘栗がおいしく出来上がる鉄則を頑固に守っています。天津甘栗は中国の青龍県産の貴重な栗です。23年以上にわたり、パイオニアとして青龍県と密接な交流を続け品質向上に努力しているのです。また肉まん・野菜まんも天然酵母使用・手伝りでご用命お待ちしています。

梅園（粟ぜんざい）　甘味4

東京都台東区浅草一丁目三一の十二
☎03・3841・7580

『粟ぜんざい』の創業は、安政（餡製）元年です。仲見世の左手、少し奥まったところにある風流なお店は、甘味の老舗〝梅園〟。浅草寺の別院、梅の名所でもあった梅園院の茶店が「梅園」と名づけられたのです。江戸時代からの繁華街といえば観音さまで、その仲見世の梅園の名物は、何と言っても粟ぜんざい。

昔、一休さまが、小豆の汁に餅を入れたものを「善哉此汁」と言ったことからつけられた名で、東京では〝汁粉〟と称しますが、これは田舎汁粉で、梅園のは大阪のぜんざいとも違います。もっとも、梅園の粟ぜんざいは、ほんとうは黍《きび》を使っていて、柔らかく口当たりのいい上品な軽さがあります。「ひとつでこりるような甘さではだめですネ。もうひとつ、と手が出るような甘さがちょうどいいんです」と、当主、六代目の清水裕之さんの言。昔と変わらない梅園の味は、いまでも下駄の音の似合う甘味です。

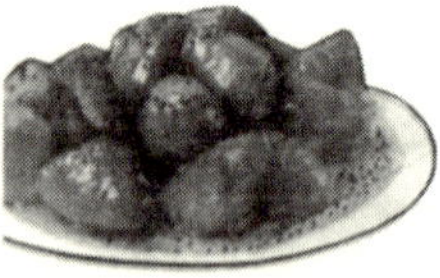

おいもやさん興伸オレンジ通り店

（大学いも・他）甘味5
東京都台東区浅草一丁目二一の五
☎03・3842・8166

『おいも』は安心安全な健康食品です。いも菓子の王さま、大学いもは、その時季で一番美味しいさつまいもに〝興伸〟家伝のミツをからめた下町の味。川越の芋作り農家だった創業者・斉藤小平次は明治初年、川越〜浅草間の舟運を利用して、浅草駒形の大川端に芋問屋を開業しました。関東大震災・第二次世界大戦・芋統制令などの困難を乗り越えてさつま芋一筋135年「おいもやさん興伸」は、安心して喜んで召し上がっていただけるヘルシー&デリシャスとして、努力しております。頑なに守り続ける下町浅草の味、健康と美容のお手伝いをさせていただけたらと願っています。サツマイモはアルカリ食品の典型で、食物繊維が多く、腸の働きを活発にし、便秘を防ぎ血液中のコレステロールを抑えます。

　大学いものほか、芋ようかん・スイートポテト・芋かりんと・芋あめ・紫芋カステラほかご用意しています。年中無休。営業10時〜20時。

紀文堂（人形焼）　甘味6

東京都台東区浅草一丁目二の二
☎03・3841・4401

　雷門。言わずと知れた浅草寺の総門、有名な交番の並びにあるその雷門通りの老舗『紀文堂』は、明治初年の古いのれんです。〽沖の暗いのに白帆が見える……あれは紀の国……の文左衛門の紀文は浅草が総本店。お馴染みの紀文せんべいは、絶えず原料を吟味精選し独特の製法で調製しております。店頭の奥のほうで人形焼を焼いているのが見えます。ふんわりとした皮にあんこはたっぷり、型は七福神の恵比寿・大黒・布袋・弁財天ほか白餡と黒餡との2種類で、あん入り、あんなしともに10個1000円。瓦煎餅をはじめ、自慢のカステラ式製法による銘菓松竹梅・紀文まんじゅうなどいろいろ取り揃えてございます。どうぞご進物・お土産・お茶の友にご来店をお待ち申し上げております。また、2階は甘味喫茶で、浅草見物のつれづれに、冬はお志るこ、夏はカキ氷とあんみつ豆をご用意しています。定休日は水曜日。

スイートサンクチュアリーイソ（ケーキ）　甘味7

東京都台東区雷門二丁目十一の一〇
☎０３・５８３０・２８８０

ＩＳＯ浅草は、雷門から徒歩1分。スイートサンクチュアリーイソは、〝ほんとうに美味しいもの〟とは、食べた人すべてが幸せな気分になれる夢のようなもの、そんな夢を実現したくて毎日ケーキ創りに励んでいるお店です。「厳選素材」をテーマにフランスをはじめヨーロッパ各国、南米・アジアと世界各国からのユニークな原材料や北海道から沖縄までの日本の「和素材」を品目にして「友人や家族に贈ってよろこばれるお菓子」創りが目標なのです。いろいろな使いみちにご利用いただけるよう、多種類のお菓子セットもご用意しました。地方発送も致します。また「特別な日」のための特注ケーキもお作りします。お気軽にスタッフにご相談ください。12月は、クリスマスデコレーションケーキの、サンタクロースとトナカイがお待ちしています。

年中無休。営業時間は午前10時〜午後9時。雷門正面通り右側です。

長命寺桜もち

（桜もち）　甘味8

東京都墨田区向島五丁目一の十四

☎０３・３６２２・３２６６

向島の『長命寺桜もち』の店は隅田川に面したところにあって、店の緋もうせんに腰かけて食べる感じは、まわりの景色によって、食べるものの味覚が違ってきます。古風なお年寄りが桜の皮ごと食べていたのを「モシモシおばあさん、さくら餅はカワをむいて食べるものですヨ」と教えてやったら、隅田川のほうを向いてそのまま葉ごと食べたとか。

　さくら餅は小麦と白玉粉に砂糖をまぜて、淡紅の色素を少し入れて、鉄板の上で焼いた皮でアンを包んであります。淡紅色は桜の花を思わせ、塩漬けの桜の葉を使っているのです。名物の長命寺桜もちは、昔からの製法で、着色せず小麦粉をうすく焼いた皮でアンを包み、桜の葉2～3枚でつつみます。

　さくら餅の皮の形が小判型になっているのは、そこらへんの長屋の住人でも、小判が手に入るという福禄にあやかるという江戸時代からの意味とか。

日乃出煎餅

（手焼きせんべい）　甘味9

東京都台東区浅草一丁目二六の四

☎03・3844・4110

新仲見世通りの入り口にある『日乃出煎餅』と三味線漫談の玉川スミとは、若い頃から（50年来）のお客とごひいきの仲です。祖父から父、父から三代目へと引き継がれてきた手焼きせんべいの店の客と主人なのです。日本の味、故郷の香り、また下町の友として長く親しまれてきたおせんべいは、今日多種多様の菓子のある中で、いまも根強い人気を得ています。また、浅草演芸ホールでも根強い人気を保つ、玉川スミ師匠は今年芸歴92年。3歳の春、中村文丸の芸名で女流歌舞伎に初舞台。戦時中は時局漫才として、中国・南方の皇軍慰問団として活躍。昭和46年『松づくし』で、芸術祭優秀賞。高橋英樹の「桃太郎侍」にレギュラー出演。平成3年得度、法名澄光尼。勲五等宝冠章受賞のベテランです。真心を焼き込む「日乃出煎餅」の味と、玉川スミの芸とをお誘い合わされてご声援ください。

満願堂（芋きん）甘味10

東京都台東区浅草一丁目二一の五
☎03・5828・0548

浅草名物の『芋きん』満願堂は、浅草公会堂のあるオレンジ通りの中間にあります。芋きん？　とは。

〽年季増しても食べたいものは
　土手のきんつばさつまいも

とて江戸時代より栄えた浅草吉原。そこで唄われた名物は数々ありましたが、中でも花魁や太夫たちの心をとらえたのは「土手のきんつば」だったのです。

贅をつくした吉原で、さつまいものもつ素朴さを損なわず、そのうえ、手間ひまかけて作った江戸っ子の〝粋〟を口にする時、「満願」の名に切なる願いを年季明けを待つ花魁たちが〝年季増しても〟と唄うほどの味覚でした。1個からでも焼きたてを……6個入り箱入りを693円より。店長の和田壮一さんの手作りの焼きたての『芋きん』と、コクのある焼き芋の味わいと、あっさりバニラがドッキングした「焼きいもソフトクリーム」300円も、どうぞ!!

みるくの樹（洋菓子）　甘味11

東京都台東区浅草一丁目四〇の五の一〇二

☎０３・３８４７・１２０３

浅草演芸ホールの前、伝法院通りを真っすぐ、その五差路を左へと入った、４軒目〝みるくの樹〟の看板が目に入ります。10時から21時まで（お盆・正月も営業・年中無休）洋菓子一筋40年、改良に改良を重ね納得した商品のみをお作りしています。浅草銘菓「みるくの樹」１個１７７円。「蜂蜜りんごパイ」１７７円。サクサクパイ皮・最高級フレッシュバター・富士りんご・ブルーベリーの花から採取した蜂蜜がぴったり‼　バースデーケーキは45分で仕上げます。前日ご予約10％引き。口にくっつかずサラッと口どける生地。丸型15㎝２８２５円。東京23区＆関東7県は朝焼いた蜂蜜りんごパイを宅急便でその日の夕方お届け。洋菓子職人のＳＥＩＪＩ・ＴＡＮＡＫＡ・京都最高級洋菓子市長賞1位2回受賞。技術指導している国はジャカルタにパイシュー専門店。中国にシュークリーム専門店。２００４年、浅草にオープン。

珈琲アロマ（喫茶）　のみ1

東京都台東区浅草一丁目二四の五
☎０３・３８４１・９００２

　小粋なジョークをはさみながら、コーヒーを入れ、トーストにオニオンをはさみ、その間にもポケットサイズの名言をお客さまに残しているマスターの藤森さん。浅草演芸ホールの落語家や漫才や色物のみなさんも、空き時間に顔を見せているオールカウンターの店『珈琲アロマ』なのです。素朴でいて味わい深い浅草の露地裏に佇む芸人サロンの定番。

　何より美味しくて、無性に食べたくなるオニオントースト・２８０円。生のオニオンとピクルス、自家製のマヨネーズだけ、それにネルドリップのコクのあるブレンドコーヒー・３５０円。

　6月から9月上旬までの限定のプラムジュース・４００円も人気。黒板の懐かしいメニューに目移りするも幸せ。落語を一席聞いたあとは、アロマでオニオントーストを。昭和39年開店。

　営業時間は午前8時〜午後6時。定休日、毎週木曜日&第4水曜日。

ピーター（喫茶）のみ2

東京都台東区西浅草三丁目十三の一
☎03・3844・5984

「黄金バット」の紙芝居でご存知の加多こうじさんが描いた浅草で活躍した往年のスターたちの壁画。その浅草のスターが出迎えてくれる喫茶店をご紹介しましょう。浅草演芸ホールにほど近い、ビューホテルの裏手にひっそりとたたずむ喫茶店〝ピーター〟が、ドアを開けると昭和そのままが、コーヒーとカレーでお客さまのおいでをお待ちしています。常連には文化人が多く、元ＳＫＤのダンサーらが経営していた店を、現オーナーの左東正子さんが引き継いだのが１９６６年。もう48年、お客さまのニーズに応えて、浅草では珍しく夜遅くまで営業をしているお店で、何と言っても名物はカレーライス。ほかほかのご飯、ゴロゴロ入った豚肉と野菜……ピリリと辛さと和風だしの旨味の効いた専門店顔負けの逸品が、スープとお新香がついて６００円。大きな白玉の入った田舎しるこ５００円。10時～22時まで、日・祝不定休。

カラオケ館浅草国際通り店　のみ3

東京都台東区浅草二丁目十一の三
☎03・5830・1671

気の合う仲間が集まれば、盛り上がらずにはいられない。『カラオケ館』はそんなあなたのベストパートナー。ブラックライトシステム照明の幻想的空間が新しいカラオケを演出します。笑ったあとは、歌いましょう。演芸ホールを出てすぐ国際通り角のPARTY・ROOMはあなたをお待ちしています。昼はお一人様30分料金・月～金40円。土日祝80円。夜はお一人様30分料金・月～木290円。土日祝前日315円。（盛り上がりに欠かせないのがお料理、お飲みもの）。カップルや女性に大人気のフルーティーカクテルでムードアップ。豊富なメニューとお約束のおいしい料理で楽しさ倍増!!　全室最高の音響設備でいつでも最高の音感が楽しめます。ご予算に応じたパーティーメニューもご用意、お気軽にご相談ください。宴会のご予約も承ります。

年中無休。営業時間月～金午後1時～午前6時。土・日・祝は正午から。

AS・OK・O2

（BAR）のみ4

東京都台東区西浅草三丁目一六の一〇

☎〇3・3847・3575

スカイツリーが窓から大きく見えるお店をご紹介します。浅草演芸ホールを出て、国際通りを右へ、ビューホテルのちょっと手前、『BAR』の立看板が目につく、このビルの4階。

ゆっくりくつろぎながら、カウンターの礒田耕司（32）岡山出身の、お客さまとの楽しいひとときをぜひおすすめします。旬の果物で作る果実酒やカクテル、ウィスキーやリキュールなど、ボトルは200本。おつまみもソーセージやジャーキー、自家製でご用意しています。2010年4月より営業オープンして1年と数か月、2人のスタッフとお客さまとの出逢いと、楽しいひとときをご一緒させていただきます。

休業は元旦のみ。営業時間は夕方7時～朝5時（店名AS・OK・O2アズ・オーケー・オーツー）。お電話くだされば お迎え致します。

北の杜《もり》（居酒屋）　のみ5

東京都台東区千束一丁目一の十二
☎03・3875・2630

坐忘庵・北の杜

国際通りと言問通りの交差した角のあたりで佃煮鮒金の前にある「北の杜」のお店をご紹介します。たった5坪の居酒屋ですが、穴場的なお店で、父の死をきっかけに農業に携わるようになった不動産情報会社の浅川猛さんが山梨県北の杜市で作った低農薬の野菜料理を提供しているのです。白菜や大根をたっぷり使ったモツの煮込み・セリの天ぷら・なすの炒め物、生トマトと、愛妻の千恵さんが切り盛りの経営。10人も入れば満席のコタツ式（足を落とせる）カウンター席。ほんとうに体に良い日本酒を全国より取り寄せております。

何と言っても自家製の野菜料理が抜群に美味しい、女性陣にも大人気なのです。営業は5時～10時30分。定休日は日曜日と第1第3月曜日。

第五章
浅草民芸
和工芸品散歩

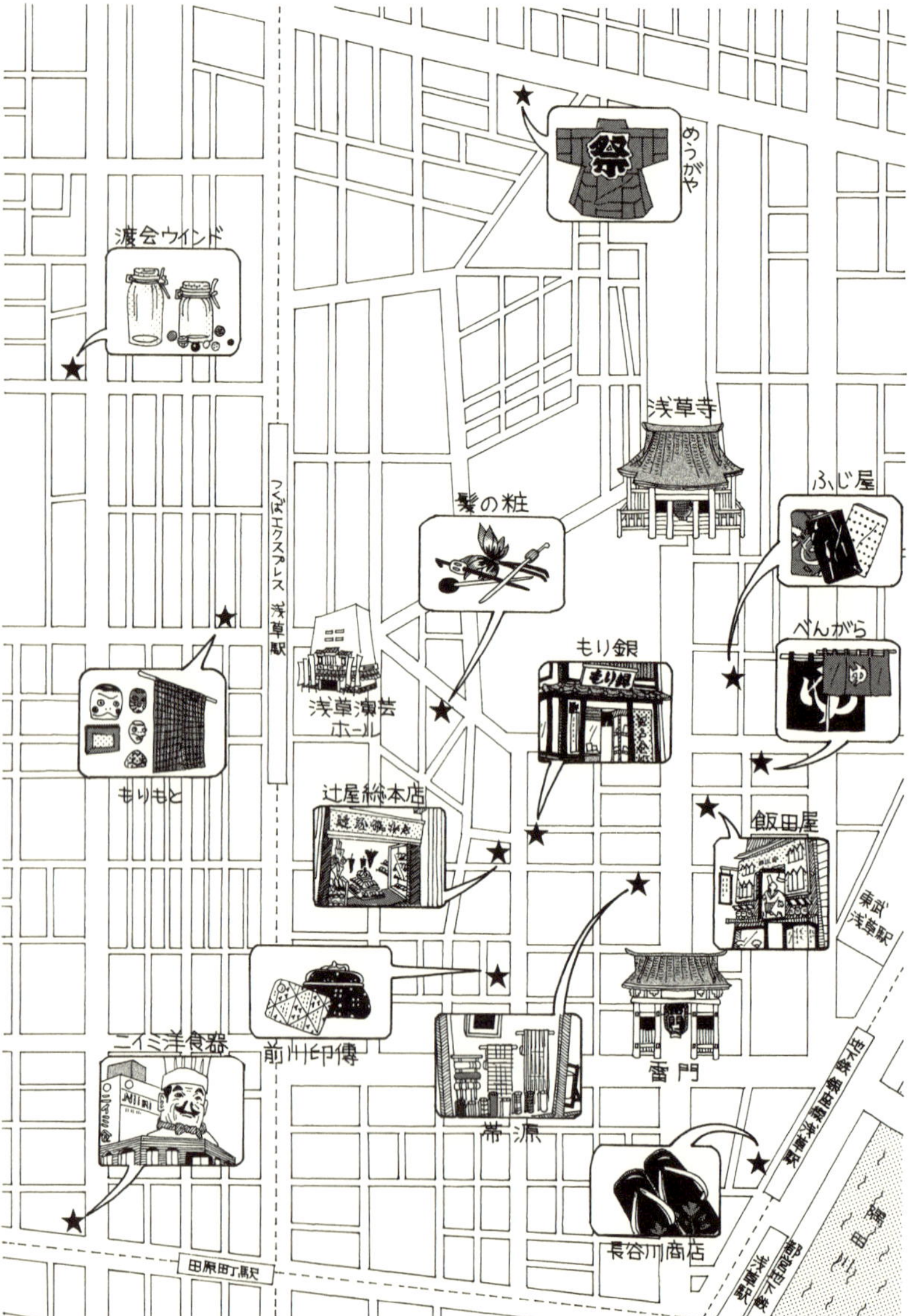
めうがや
渡会ウインド
浅草寺
ふじ屋
髪の粧
つくばエクスプレス 浅草駅
べんがら
もり銀
浅草演芸ホール
もりもと
辻屋総本店
飯田屋
東武浅草駅
前川印傳
ニイミ洋食器
帯源
雷門
長谷川商店
田原町駅
都営浅草線 浅草駅
隅田川

やきとり
たこ焼
いか焼
ビール
おでん
お好み焼
焼そば
たい焼
とうもろこし
火の用心

初代　前川昭太郎

浅草前川印傳

（鹿皮と漆の伝統工芸）

東京都台東区浅草一丁目十六の十一

☎０３・３８４７・２８８９

浅草オレンジ通りの中頃、『浅草前川印傳』の看板が大きく目につきます。鹿皮に漆の伝統工芸の店〝印傳〟とは、選び抜かれた鹿皮に漆加工を施した日本の工芸品です。職人の店の大きい暖簾が、店内へお客さまをお招きしています。ちなみに「印傳」という呼称の由来は一説には、インドより伝来したもの『印度伝来』からきているとも言われています。

　印傳は原料の天然の鹿皮をほかの皮革と異なる特殊な鞣製をし、これに漆加工を施した日本独自の伝統と美意識の結晶と呼ぶにふさわしい逸品です。印傳の歴史を４００余年、袋物として近代的なセンスを取り入れ、ほかの皮革の追随を許さぬ柔軟、強靭、優美を特徴とし、多くの人びとを魅了し続けています。初代前川昭太郎亡きあと、二代目前川典央が手から手へ、華麗なる技の継承を経て、新商品の開発に取り組んでいます。

飯田屋（和装小物）

東京都台東区浅草一丁目三二の七
☎03・3841・3644

浅草仲見世通りの中ほどです。舞扇《まいおうぎ》・舞傘・踊りの小道具・髪飾り・手ぬぐい・履物・袋物と、創業明治18年からの『飯田屋』へ、ぜひどうぞ!!　時を忘れて楽しんでいただけるよう親切をモットーに、女性スタッフが定休日なしで江戸情緒をご案内致します。最近は海外の観光客も、民芸装飾品をお土産にと多数お見えになります。踊りの小道具なら何でも、これまた花笠・獅子頭・刀・お面・提灯などなどすべて揃っております。2階は、舞台化粧品・舞台衣装、スタッフと会話を弾ませながらの舞台化粧の無料の指導もしております。3階は松ばめの貸し舞台・稽古場も、舞踊の発表会・おさらい・会合と、交通便利な浅草で催されるのはいかがでしょう。オーナーの飯田桂子さんがいつも笑顔でおいでをお待ちしています。

FAX03・3842・3755。営業時間午前9時〜午後8時。年中無休。

帯源（帯地）

東京都台東区浅草一丁目二〇の十一
☎03・3844・3497

噺家・歌舞伎役者・邦楽関係の人びとが愛用している博多鬼献上《おにけんじょう》・男帯の店『帯源』は新仲見世の中頃にあります。高座の落語家さんをご覧になれば一目瞭然、幅が2寸と細身で芯を入れて仕立ててあり、しっかりとした締めごたえなのです。でなければ江戸弁よろしく、あの古典の噺が生きて参りません。

江戸の「仲見世」が、雷門&浅草寺の間を南北に。浅草を東西に延びているのが「新仲見世」で、浅草最大のアーケード380mの商店街が、お客さまをお迎えしているのです。大正8年創業「帯地専門店」として、先々代高橋与三郎さんのお書きになられた『帯源』の文字が、看板に商標として、領収書にまで登録されています。午前11時〜午後20時。定休日第2・4・5火曜日。

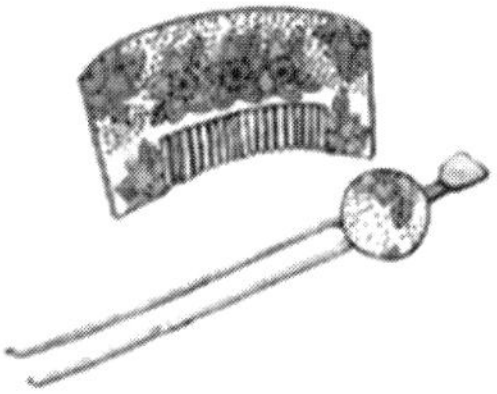

髪の粧（和工芸）

東京都台東区浅草一丁目四一の八
アトリエわようビル3F
☎03・3843・2869

浅草演芸ホールの前〝六区通り〟を観音さまに向かって歩くと、すぐ右側に和工芸『髪の粧』のお店があります。1F2Fは靴屋さんの3Fです。

27年の歴史をもつ和と洋の髪飾りのすべてを、デザインから製造・販売までを展示している和工芸の店内をぜひのぞいて見てください。

店名を『髪の粧』として、岡部和夫社長をトップに、ふたりの娘さんがスタッフという名実ともに和工芸一色、ファミリーのお店なのです。

七五三・成人式・結婚式からすべてオリジナルな簪（かんざし）を目を見張るようにご用意しています。数少ない簪の専門店ですことを自負しています。

組紐・玉簪・帯飾りなどあらゆる品のご注文にもご満足をいただいています。花嫁さんから、七五三の飾りものにまで、ぜひどうぞ!!　午前11時～午後5時30分。休業日はお問い合わせください。

辻屋総本店（和装履物）

東京都台東区浅草一丁目二八の一
☎03・3841・8171

浅草観音さまへお参りついでに、辻屋総本店に寄って下駄でも見ていこうかと思ったら、浅草新仲見世アーケードの中にお店があります。創業大正元年。花柳界や芸能界など、玄人筋をはじめ、和装にうるさい浅草のお客さまに愛され育てられて100年の老舗。

新緑の薫風に、コートやショールを脱いで身軽にお出かけできる季節、初夏の単衣に袖をとおして、足もとは軽やかに浅草は下駄を履いて歩きましょう。男ものには畳表や革の雪駄、女ものにはふだん着の単衣に履きたい下駄やよそゆきの草履、和装雑貨に小物、梅雨時なら蛇の目・番傘、強い陽刺しにはおしゃれな日傘とお客さまの要望に応えた粋筋の品を揃えてお待ちしております。長く履いても痛くならず、疲れない、厳選された素材を辻屋の履物の命として、ご進物ご贈答用にもご利用を。

年中無休。営業時間は、10時～19時。

ニイミ洋食器店

（料理サンプル・他）

東京都台東区松が谷一丁目一の一

☎03・3842・0213

巨大なコックの顔が乗っかっているビル。『かっぱ橋道具街』のシンボルのこの看板は〝ニイミ洋食器店〟のものです。

地下鉄田原町駅傍、ここはかつての菊屋橋のあったところで、下を流れていたのは新堀川、その上に道具街の名の合羽橋がかかっていたというわけ。この合羽橋という名の由来にはふた通りの説があります。このあたりの治水工事を河童が手伝ったからだという説と、昔このあたりの侍が内職で作っていた雨合羽（昔のレインコート）からついたという説、どっちをとりますか？　シンボルポールからして、河童のお腹の部分に店名を入れて、各店の軒先に看板として飾ってあるのを見ても、かっぱは河童のほうがユーモアがあっていいでしょう。

〝東京美研〟の料理サンプルの塩化ビニール製が人気があり、食器や飲食店の材料、看板から暖簾、椅子まで130の店がひしめいて、意外な発見もある散歩道へどうぞ。

のれん仕立処もりもと

（のれん・他）

東京都台東区西浅草三丁目三の四

☎03・3844・4893

上野と浅草を結ぶ、かっぱ橋本通りが7月6日から10日まで『下町七夕まつり』として楽しいイベント盛りだくさんで行われます。風の盆は9日5時から、10日は大道芸・太鼓ショー。この両日は歩行者天国で車両通行はできません。地元の商店会のみなさんの作品発表展（書道・絵画・陶芸・写真）が開かれます。あなたの想いを天の川に届ける七夕祭の笹竹を用意して願いごともお待ちしています。このかっぱ橋で、河童連邦共和国「浅草かっぱ村」の村長は、のれん仕立処もりもとの店長・森本佳直さん。今はビルにしてのれん屋さんをしています。浅草演芸ホールの高座で毎回前座さんが返している座布団をはじめ、国立劇場のは正絹別染めで1枚六万五千円もするのも、みなこのもりもとさんの製作です。さすがかっぱ村の村長だけに、お店の中はカッパだらけ、そのどれもが綺麗なお座布団に座っているのが楽しい。

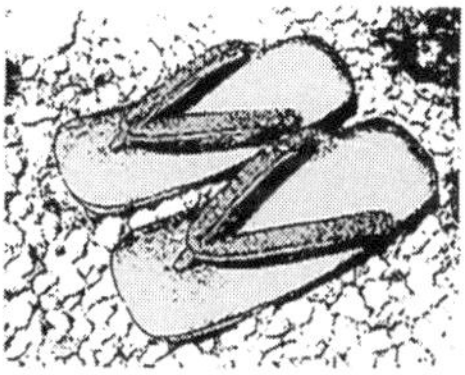

長谷川商店（履物問屋）

東京都台東区雷門二丁目十九の一
☎０３・３８４１・０１４４

着物と言えば、履物・草履・下駄なら製造卸問屋の『長谷川商店』をぜひのぞいてください。地下鉄浅草駅近く、雷門郵便局前、都営浅草線浅草駅Ａ５出口にあるこのお店は、一歩入ると男物だけでもその品揃えはスゴイのひと言につきます。雪駄&草履の台。鼻緒も自由に選べます。印伝やホースヘア・パナマなど種類も実に豊富。

履物問屋ですが、安心してお買物ができます。地方では手に入らない珍しいモノがいっぱい。一度行くと目移りすること間違いなしです。下駄の種類も豊富。女性用はカラフルで実にキレイ。鼻緒だけでも物量に目を奪われ、コレクションしたくなるほど、挿《す》げも職人さんが足に合わせてやってくれます。

土日祝日は休み。

寿・三番叟

ふじ屋（てぬぐい）

東京都台東区浅草二丁目二の十五
☎03・3841・2283

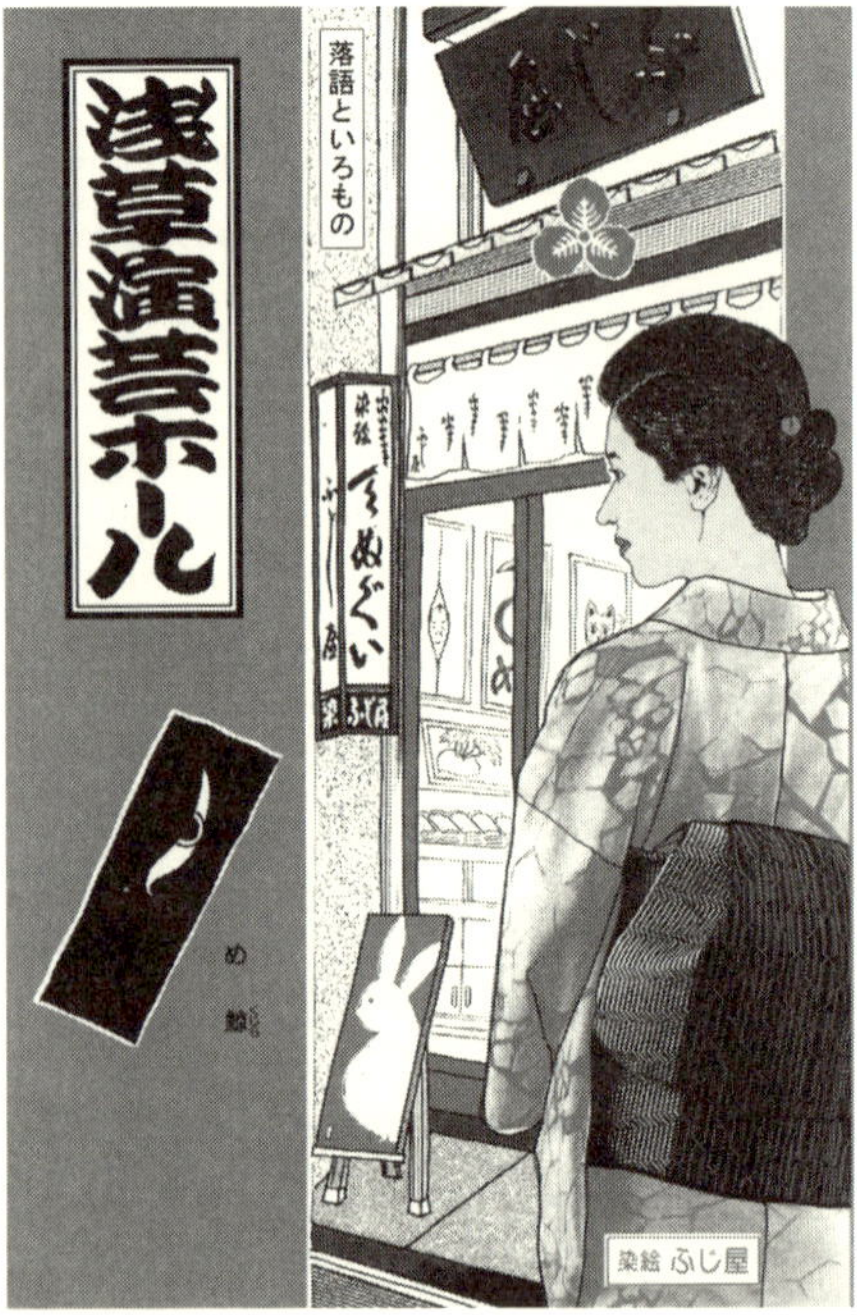

落語家の扇子とてぬぐい。千変万化噺の小道具なのです。そのてぬぐいは、ときには手をぬぐい、ときには見て楽しむ、一枚の木綿から広がる無限の芸術でもあります。絵画に比肩するてぬぐいの柄は、暮らしを楽しむ江戸の粋を伝える、そんなお店『ふじ屋』へぜひ足を運んでください。

仲見世通りから1本外れたところ、店内には色鮮やかなてぬぐいが所狭しと並べられています。初代の川上桂司さんのあとを継いだ千尋さんが現旦那。江戸時代からの図案を復刻し、その魅力を伝えた功績は大きいのです。季節物・縁起物など洒落た柄が、豊富に揃っています。百聞は一見に如《し》かず、この店は江戸の昔に続く入口のようです。鮮やかな図柄と色が長方形の木綿の上にいきいきと躍ります。林家正蔵師匠もお見えになるとか。弁天山・鐘楼前。定休日は、木曜日。

暖簾・べんがら

べんがら（暖簾《のれん》専門店）

東京都台東区浅草一丁目三五の六
☎03・3841・6613

演芸ホールの前、伝法院通りを真っすぐに仲見世通りを渡って柳通りの左角『べんがら』は、あなたのおいでをお待ちしています。暖簾の店べんがらの店名は、古くから使われてきた顔料の名前です。べんがらで染めた暖簾は日焼けに強く、使うほどに味のある風合いになります。その色が大変美しく、歴史を感じさせ、またことばの響きも良いことから、店名を「べんがら」としました。

暖簾は禅語の「のうれん」からきたことばで「のれん」に変化したものです。暖簾は僧堂の風・寒さ除けの幕でした。あたたかい（暖）すだれ（簾）の字が使われ、お客さまをお迎えする商品として屋号などが入れられ看板代わりに使われるようになったのは江戸時代から。近年、生活スタイルに合わせてオリジナルな使い方を考えてみませんか？　とは店主・石塚貴久冶さんの言。営業時間は、10時～18時。定休日は、第3木曜日。

めうがや（足袋・祭り衣装）

東京都台東区浅草二丁目二七の十二
☎03・3841・6440

〝めうがや〟と書いて「みょうがや」。昔の仮名使いで、〝どぜう〟を「どじょう」と読むのと同じです。浅草田町に慶応3年創業。関東大震災以後現在の言問通りに移りました。浅草の花柳界が盛んな頃は、芸者衆で賑わいました。のれん分けのお店が20軒もあり、夏に麻足袋・柄足袋も多種揃ってオーダーメイドが独占でした。最近は江戸趣味の祭りの衣装も手広くはじめ、伴天・腹掛・股引・シャツと毎年5月の『三社祭』には大多忙。祭りの時は、はだし足袋から半股引まで、オリジナル祭り用品でお客さまの要望に応えています。その他、巾着・くげ帯・合才袋・ポシェット・ストラップ・平ぐけ（祭り帯）・手ぬぐいなどなど、地下足袋から鳶や大工さんの注文もOK。寄席との縁も江戸から東京へと深い絆で結ばれています。

定休日は水曜日。営業時間は午前10時～午後7時。

もり銀（金銀工芸）

東京都台東区浅草一丁目二九の六
☎03・3844・8821
http://www.moriginlci.co.jp

落語と同じ江戸時代からの伝統が守られて今日に至った金・銀工芸士のいる専門店が浅草公会堂の隣りに開店を致しました。浅草〝もり銀〟は創立85年。銀器は1979年に経済産業省、1982年に東京都の伝統工芸品に指定され、台東区を中心に製造されています。

開運招福の純銀製招き猫から、家紋入りの仏鈴、千社札ペンダントと、江戸時代には天皇家および徳川家光公に銀茶道具が献上されています。経済産業大臣から認定を受けた伝統工芸士の岩村淳市さんが、鎚音を響かせて、銀を金床に当て、器形にしぼってゆくのです。金鎚を駆使して、槌目、ゴザ目、岩石目などの模様打ちをして、花瓶、香炉、急須なども制作します。金・銀製品であれば何でもお誂え修理・改造もうけたまわります。オレンジ通り中ほど。無料で5%サービスを受けられる会員証の特典もご利用くださいませ。

㈲渡会ウインド製作所

（ガラス容器・季節ものグッズ）
東京都台東区松が谷三丁目十七の十三
合羽橋道具街
☎０３・３８４１・３８６５

明治・大正・昭和……かっぱ橋道具街で１００年。ビー玉から、おはじき、石けり、風鈴、団扇、紙ふーせん、凧、けん玉、万華鏡などの小物類から、飾り凧（大・小）と季節物グッズなど店内いっぱいに展示即売しています。社長というより、好人物な浅草っ子の渡会利昭さんはいつもニコニコ、奥さんとともに、お客さまの店舗設計の内外装工事などのご相談までうけたまわっております。昔懐かしい、手造りの地球瓶、角猫瓶、丸猫瓶、ミニ瓶、食品・飲料瓶に至るまで各種取り揃えてあるのです。かっぱ橋道具街通り、言問通り寄りに賑やかなお店が。お電話・ＦＡＸ・ＨＰでもお問い合わせを。品揃え豊富なガラス容器はピンからキリまで、驚くほどの数を販売しており、アルミガラス・ショーケースなど各種規格サイズと豊富な種類がいっぱいです。ＦＡＸ０３・３８４４・７０４８。日曜祭日は、休む事もあり。

浅草交通案内

水上バスから中央大橋越しにスカイツリーを眺む

【電車】

浅草周辺へは、東京メトロ（地下鉄）銀座線のほか、東武伊勢崎線（東武スカイツリーライン）、都営地下鉄浅草線とつくばエクスプレス（TX）線の4社線が乗り入れしています。

①**東京メトロ銀座線・浅草駅**

浅草の玄関口、雷門にいちばん近い駅で、銀座線の始発駅でもあります。上野、銀座、末広町（秋葉原北側エリア）、渋谷などへ足を伸ばすときにも便利です。

〈お問い合わせ〉

東京メトロ　浅草駅　☎03・3841・2052

②**都営地下鉄浅草線・浅草駅**

雷門をうしろに見て、「雷門地下駐車場」入口のある通りを南側へ進んだ、駒形橋近くにあります。直通運転を行っている京浜急行線を経由して羽田空港、同じく京成線を利用して成田空港方面へのアクセスにも優れています。

〈お問い合わせ〉

都営地下鉄　浅草駅　☎03・3844・4689

③**東武伊勢崎線（東武スカイツリーライン）・浅草駅**

銀座線の浅草駅に隣接した東武浅草駅から「とうきょうスカイツリー駅」（旧・業平橋駅）まで一駅。ス

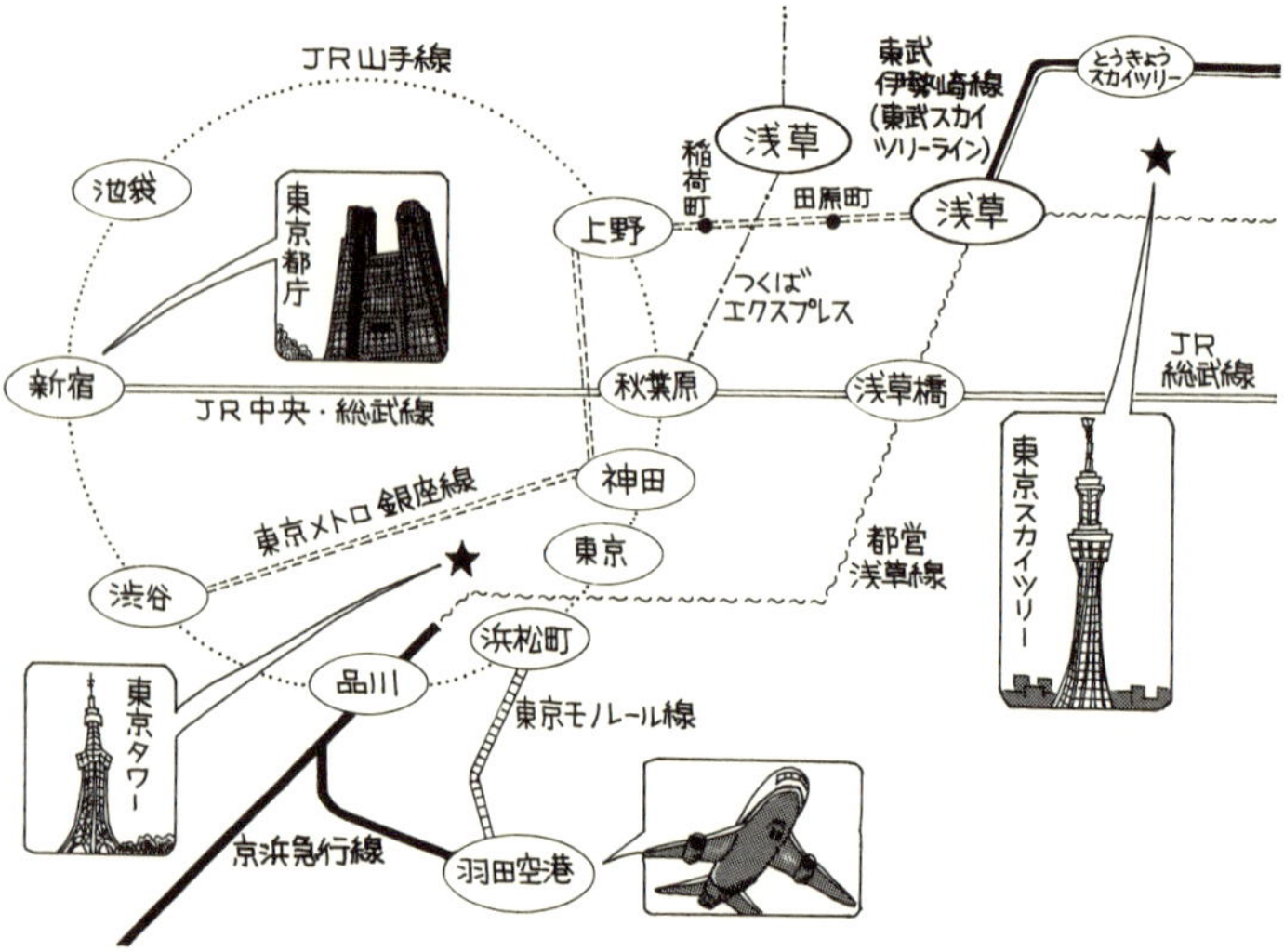

カイツリーへ行くのにもっとも便利な路線です。もうひとつ先の曳船駅から横浜方面、埼玉方面、千葉方面へ乗り継ぐことができます。

〈お問い合わせ〉
東武鉄道　浅草駅　☎03・3841・0603

④つくばエクスプレス（TX）線・浅草駅

2005年に開業した、秋葉原とつくば研究学園都市を最短45分で結ぶ新たな路線です。駅は浅草寺西側の国際通り沿いにあります。秋葉原までの乗車時間はおよそ5分と、移動にもたいへん便利です。

〈お問い合わせ〉
つくばエクスプレス　浅草駅　☎03・3847・0922

【バス】

浅草周辺へはおもに都営バスが乗り入れしています。そのほか、台東区民の生活の足となっている循環バス「めぐりん」、地元企業が運行を支える観光無料バス「パンダバス」は、浅草・上野界隈の散策にぜひ活用したい交通機関です。

①都営バス

浅草からは池袋方面、錦糸町・亀戸方面への路線バスが充実しています。

とくに2008年より運行が開始された、観光路線バス「東京↔夢の下町」は、通常の路線バスと同じ料金で、東京駅～日本橋～秋葉原～上野～合羽橋～浅草～吾妻橋～業平～錦糸町を専用のお洒落なバスで巡ります（東京駅から上野間は土日祝日のみの運行）。

〈お問い合わせ〉

東京都交通局　☎03・3816・5700

②台東区循環バス「めぐりん」
小型のバスを使用しておよそ15分おきに運行されているコミュニティバスで、「北めぐりん」「南めぐりん」「東西めぐりん」の3系統があります。いずれも

地域の重要な足となっている「めぐりん」

一方向の循環バスなので、目的地によっては時間がかかることも。

〈北めぐりん〉

東武線浅草駅を基点に、おもに上野および浅草エリアの北側、～隅田公園～三ノ輪～一葉記念館～根岸三丁目～入谷～浅草警察署方面を循環しています。一周およそ75分。

〈東西めぐりん〉

上野駅東側にある台東区役所を基点として、台東区の東西、～上野公園～国立博物館～千駄木駅～不忍池～かっぱ橋～東武浅草駅～新御徒町駅（都営地下鉄大江戸線）を循環する、三系統中もっとも距離の長い路線です。一周およそ90分から105分。

〈南めぐりん〉

上野駅を基点として南側のエリアを中心に、～新御徒町駅～三井記念病院～鳥越神社～田原町駅（東京メトロ銀座線）～かっぱ橋～北上野方面を循環しています。一周およそ45分。


料金は大人、子どもともに100円です。なお、スイカやパスモなどのICカードは使用できないので注意が必要です。すべてのめぐりんは、指定のバス停（全5か所）にて、一回だけ別の系統のめぐりんに無料で乗り継ぐことが可能です（利用時は乗務員へ）。

都営バスが運行する観光路線バス「東京→夢の下町」

また、めぐりんが乗り放題の一日券（３００円、大人・子ども共通）を車内で販売しています。購入の際は小銭のご用意を。なお、詳細な路線図を浅草文化観光センターなどで配布しています。

〈お問い合わせ〉
台東区役所 道路交通課 ☎０３・５２４６・１３６１
日立自動車交通㈱ ☎０３・５６８２・１１２２

③浅草・上野無料バス「パンダバス」

浅草・上野地区の企業などがスポンサーとなって運行している無料バスで、バスの前面がパンダの顔をしているかわいらしいバスです。

ＲＯＸ～奥浅草～東浅草～業平橋～雷門方面を循環する「浅草ＬＩＮＥ」と、ＲＯＸ～上野公園～国立博物館～上野動物園～御徒町方面を循環する「上野ＬＩＮＥ」の二系統があり、およそ一時間の間隔で運行されています。

〈お問い合わせ〉
セグラス ツーリズムエージェンシー㈱ ☎０３・６２３１・４７１３

④スカイツリーシャトル

東武バスが運行する、東京スカイツリー～雷門～上野駅～つくばエキスプレス浅草駅～浅草寺北方面をおよそ二〇分間隔で循環するバスです。運行日は土・日・祝日の10時から18時までなので注意が必要です。

〈お問い合わせ〉
東武バスセントラル㈱ 西新井営業所 ☎０３・３８９８・１３３１

雷門わきの人力車専用レーン

【水上バス】

　隅田川は浅草の歴史を語る上でも、また風物を語る上でもなくてはならない存在です。隅田川を利用した水上バスに乗ってひと味ちがう東京の情緒を感じてください。

　現在、浅草からは二つの航路が運航されています。

〈隅田川ライン〉

　浅草～浜離宮～日の出桟橋をおよそ40分で結びます。隅田川にかかった形や色の異なる12の橋それぞれの個性を楽しむことができます。日の出桟橋からは徒歩で日の出駅（ゆりかもめ線）、浜松町駅（JR山手線、東京モノレール線）へ行くことができます。

　運行間隔は日中でおよそ1時間に2本ですが、季節や曜日により変更があるので注意が必要です。

〈浅草・お台場直通ライン〉

　浅草～お台場海浜公園～豊洲をおよそ70分で結びます。お台場や、豊洲に足を伸ばしたい方には便利です。ただし、運航本数が少ないので注意が必要です。

〈お問い合わせ〉

　東京都観光汽船㈱　☎0120・977311

【人力車】

　浅草でいちばん目につく乗り物といえば、やはり人力車です。雷門周辺の道路には人力車専用の駐車ゾーンがあり、ここから乗車することができます。

　メインの利用方法はやはりコース観光。人数、距離、時間のほか、業者によっても金額が異なりますので必ずご確認を。

落語定席
浅草演芸ホール・案内
東京都台東区浅草一―四三―一二
☎03・3841・6631

浅草演芸ホールは、1964（昭和39）年に、当時芝居小屋だった「東洋劇場」を改装し、「落語定席」としてこの浅草六区に誕生しました。

以来「落語協会」と「落語芸術協会」が10日替わりで交互に公演を行っており、落語をはじめとして、漫才・漫談・マジック・曲芸・紙切り・音曲など、バラエティに富んだ内容でお楽しみいただいています。

「年中無休」で、特別公演を除き「昼夜入れ替えなし」の通し興行ですので、心ゆくまで演芸をお楽しみいただけます。

10名様以上で「団体予約」並びに「お弁当予約」もうけたまわります。館内での飲食も自由ですので、どうぞリラックスして、生の演芸の面白さをご堪能ください。

ご来場を心からお待ち申し上げます。

入場料金
大人　2500円
学生　2000円（中学～大学生）
小人　1100円（4歳～小学生）
ただし、正月、5月上旬（5月1日～5月10日）、

8月中旬（8月11日～8月20日）および、真打披露興行などの特別興行は料金が変わります。

開演時間

昼の部
11時40分～16時30分
夜の部
16時40分～21時00分

交通

つくばエクスプレス　浅草駅下車徒歩0分
地下鉄銀座線　田原町駅より徒歩5分・浅草駅より6分
東部伊勢崎線　浅草駅より徒歩6分
都営地下鉄浅草線　浅草駅より徒歩8分
都営バス　浅草公園六区停留所より徒歩1分

駐車場

当寄席には駐車場がありませんので、下記の駐車場をご利用ください。
台東区民会館有料駐車場（一天門）
☎03・3841・5742

著者紹介

三笑亭笑三（さんしょうてい・しょうざ）

1925年10月28日生まれ。本名、斧田道男（おのだ・みちお）。所属は日本芸術落語協会相談役。出囃子は『並木駒形』。

旧制早稲田第二高等学院在学中に学徒動員。終戦後、八代目三笑亭可楽（日本芸術協会）に入門した（1946年4月）。前座名・三笑亭可寿美。1950年5月、二つ目昇進で三代目柳亭春楽を襲名。可楽の計らいで憧れの円歌（落語協会）のもとに預けられることになる。1955年11月。つまり落語協会へ移籍。円歌門下で与えられた名は三遊亭歌風。1958年2月に可楽門に復帰し、1961年4月に真打昇進して芸名を「三笑亭笑三」に改名。「上から読んでも下から読んでも三笑亭笑三」のキャッチフレーズで売り出す。初代林家三平や牧伸二にギャグやネタを提供していたこともあり、特に盟友・三平のブレーンとしては才を発揮し「おもちも入ってベタベタと、五人で食べても五〇円、安くてどうもすいません」（渡辺の即席しるこCM）などの名ギャグを多数生み出した。

テレビ出演を積極的にこなした落語家のはしりでもあり、NET・日本教育テレビ（現在のテレビ朝日）「大正テレビ寄席」の初代司会者やテレビ東京の「日曜ワイド笑」の司会も勤めた。1964年、文部省芸術祭奨励賞を受賞。特に映画制作や漫画・イラストは玄人はだしであり、落語家や芸人仲間を出演させた自主映画を何本も手がけた。イラストレーターとしては、長年浅草演芸ホールのパンフレット表紙絵を手がける。現在も健在で、いまだ寄席に出演する落語芸術協会の最長老の一人である。江戸東京博物館の音声ガイドも担当。時事漫談、ないし新作落語を高座でかける場合が多いが、まれに古典も披露する。得意のネタは「異母兄弟」「呼び出し電話」「大使の杵」「てれすこ」「悋気の火の玉」「さんま芝居」など。

制作協力（敬称略）

東京都台東区
浅草演芸ホール（東洋興業株式会社）
浅草ビューホテル（日本ビューホテル株式会社）
特定非営利活動法人ＮＰＯ法人ウィメンズパワーの会
豊島稲門会 細田雅之
平松 和己
松倉 由幸

絵地図製作
麦水ねいのー

写真（二章以外）
廣岡 一昭・新堀 晶（駒草出版写真部）
掲載させて頂いたお店の方々

三笑亭笑三の浅草案内

二〇一二年五月一五日 初版発行

著　者 三笑亭 笑三
発行者 井上 弘治
発行所 **駒草出版** 株式会社ダンク 出版事業部
〒一一〇―〇〇一六
東京都台東区台東一―七―一 秋州ビル二階
TEL 〇三（三八三四）九〇八七
FAX 〇三（三八三一）八八八五
http://www.komakusa-pub.jp/

印刷・製本 シナノ印刷株式会社

［カバー・表紙デザイン］ 荻原 正行（ダンクデザイン部）

落丁・乱丁本はお取り替えいたします。
定価はカバーに表示してあります。

ISBN 978-4-905447-08-5

豪華オールカラー版

歴史鉄道 酔余の町並み

米山淳一 文・写真

一人旅もよし、大切な人と旅立つもよし。鉄道に乗ってゆっくりと、伝統的な建造物が残る懐かしい町並みをめぐる、思い出を刻むにふさわしい、大人のための新たな旅の提案書。全国31県43か所を紀行文形式で紹介。写真豊富。

定価二五二〇円(税込) A5判・並製 二三六ページ
978-4-905447-00-9